세계 역사를 바꾼 도둑들

세계 역사를 바꾼 도둑들

초판 1쇄 발행 2017년 11월 17일
초판 2쇄 발행 2019년 11월 15일

글쓴이 정헌경
그린이 임익종

총 괄 모계영
편집장 이은아
편 집 조정우, 민가진, 한지영
디자인 강미서
마케팅 구혜지, 한소정

펴낸이 한혁수
펴낸곳 도서출판 다림
등 록 1997. 8. 1. 제1-2209호
주 소 07228 서울시 영등포구 영신로 220 KnK디지털타워 1102호
전 화 (02) 538-2913 | 팩 스 (02) 563-7739
블로그 blog.naver.com/darimbooks
다림 카페 cafe.naver.com/darimbooks
전자 우편 darimbooks@hanmail.net

ISBN 978-89-6177-156-6 74900
    978-89-6177-045-3 (세트)

이 책 내용의 일부 또는 전부를 사용하려면 반드시 저작권자와 도서출판 다림의 서면 동의를 받아야 합니다.
책값은 뒤표지에 있습니다.

제품명: 세계 역사를 바꾼 도둑들	제조자명: 도서출판 다림	제조국명: 대한민국	⚠ 주 의
전화번호: 02-538-2913	주소: 서울시 영등포구 영신로 220 KnK디지털타워 1102호		아이들이 모서리에 다치지
제조년월: 2019년 11월 15일	사용연령: 10세 이상		않게 주의하세요.
※ KC마크는 이 제품이 공통안전기준에 적합하였음을 의미합니다.			

세계 역사를 바꾼 도둑들

정현경 글 | 임익종 그림

다림

• 들어가기 전에 **역사 속의 도둑들을 함께 만나 보자!** 6쪽

1장 10쪽
약탈자 바이킹의
숨겨진 모습

2장 30쪽
종교를 내걸고
성유골을 훔친 사람들

3장 52쪽
영웅이 된 해적,
프랜시스 드레이크

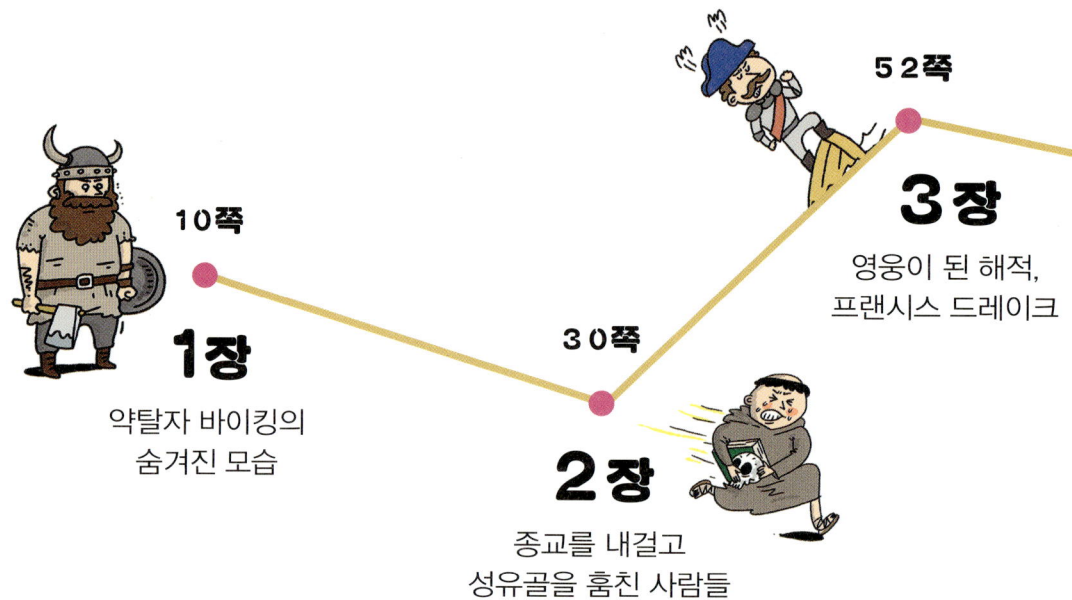

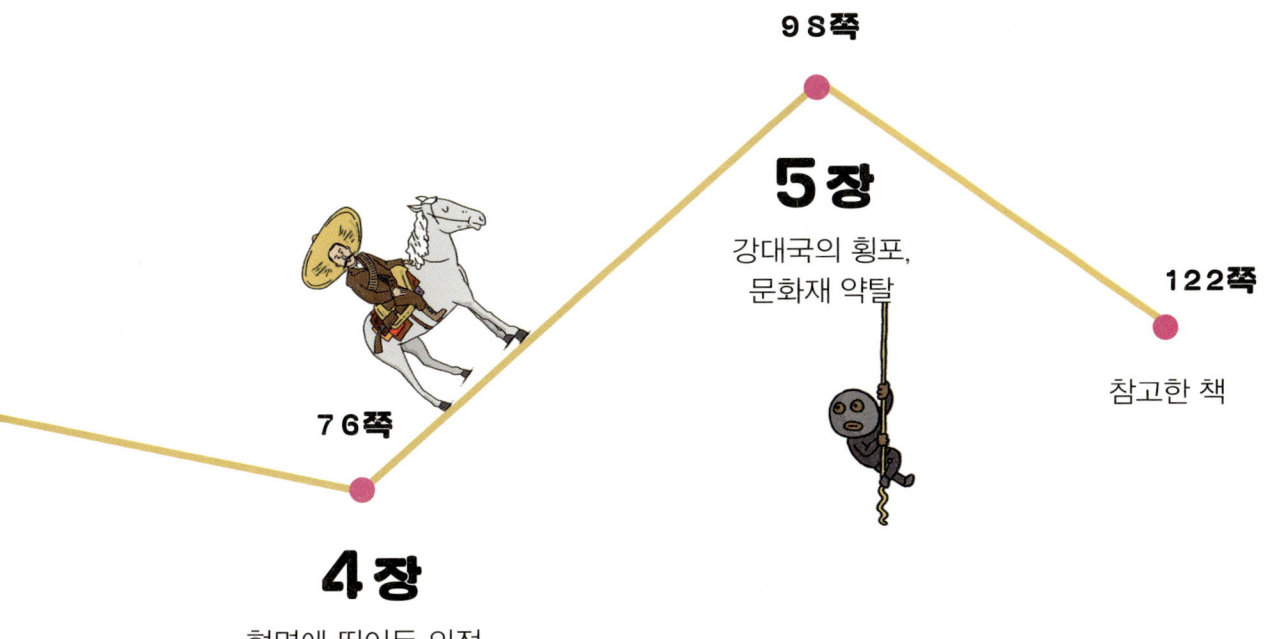

98쪽

5장
강대국의 횡포,
문화재 약탈

122쪽

참고한 책

76쪽

4장
혁명에 뛰어든 의적,
판초 비야

• 들어가기 전에

역사 속의 도둑들을 함께 만나 보자!

'도둑' 하면 어떤 생각이 떠오르니? "남의 물건을 훔치는 일요." 하고 단호하게 말하면서 도둑질은 '나쁜 짓'이니 해서는 안 된다고 생각하는 사람도 있을 거야. 영화나 만화에서 본 도둑의 느낌이 떠올라 눈빛이 반짝이는 사람도 있겠지. 금지된 일에는 어쩐지 비밀이 숨어 있을 것 같고, 모험심도 일게 마련이니까.

도둑은 언제 처음 나타났을까? 대체로 청동기시대부터 각자의 재산이 생기고, 지위가 높은 사람과 낮은 사람, 재산이 많은 사람과 적은 사람이 구별되었어. 그러니 남의 물건을 탐내는 사람도 있었겠지?

국가는 법을 만들어 도둑질을 막으려 했어. 약 4,000년 전 바빌로니아의 왕 함무라비가 만든 법전에도, 우리 역사상 최초의 나라 고조선의 8조법에도 도둑에 대한 처벌 내용이 적혀 있단다.

도둑은 저마다 처한 상황이 다르고, 물건을 훔치는 동기도 제각각이야. 그런데 역사를 들여다보면, 도둑들을 '집단'으로 묶을 수 있는 경우가 있어. 바이킹으로 알려진 노르만족, 해적질을 부추긴 영국, 문화재를 훔친 강대국들처럼 민족이나 국가가 도둑질에 나서기도 했어. 성인(聖人)의 유골을 훔친 중세 유럽 사람들처럼 종교 때문에 도둑질을 하기도 했지. 멕시코 산적들처럼 사회를 바꾸고자 뜻을 모은 도둑들도 있었어.

'도둑 집단'을 이해하는 일은 만만치 않아. 민족, 국가와 같은 집단들은 이익과 손해를 따지면서 서로 경쟁하곤 해. 그 과정에서 각자 자신들에게 유리한 쪽으로 얘기하게 마련이야. 세력이 강한 집단의 기록이 널리 퍼지는 바람에 후대 사람들이 그 반대 입장을 생각하지 못하는 경우도 많아. 진실을 알아내려면 역사 속으로 들어가 그 시대가 어떠했는지, 사람들이 무엇을 중요하게 여겼는지를 따져 봐야 한단다. 혼자서는 힘들겠지? 이 책을 읽으며 함께 생각해 보자.

바이킹은 놀이기구의 이름으로 익숙한데, 노르만족의 다른 이름이기도 해. 그들은 사실 장사면 장사, 탐험이면 탐험, 어떤 분야에서든 돋보이는 존재였어. 그런데도 왜 사람들은 바이킹을 야만스럽고 잔인한 모습으로만 기억할까? 중세 유럽 사람들은 어째서 성인의 유골을 탐냈을까? '신사의 나라'로 알려진 영국에서 해적 드레이크가 환영받은 이유는 무엇일까? 판초 비야 같은 산적들은 왜 부자들의 재물을 훔쳐다가 가난한 사람들에게 나눠 주고, 급기야 혁명에 뛰어들었을까? 강대국들은 왜 문화재를 약탈했을까?

이들 중에는 누가 봐도 나쁜 짓을 한 게 분명한 사람들도 있지만, 의로운 도적이라는 뜻의 '의적'이라 불리는 사람들도 있어. 그리고 바이킹의 세력 확장, 영국의 해적 활동은 폭력이 판치던 시대를 배경으로 하고 있어.

가만 생각해 보면, 과거는 현재와 비슷한 점도 있지만 달라서 재미있는 것 같아. 예컨대 바이킹이 살았던 시절은 지금처럼 물자가 풍부하지도 않았고, 법질서도 제대로 갖춰져 있지 않았어. 배고픈 사람, 가난한 사람이 지금보다 훨씬 많았고, 폭력과 전쟁도 자주 일어났지. 힘이 센 민족이나 나라가 땅을 차지하는 일도 당연하게 생각되었어. 그러고 보면 바이킹의 약탈과 세력 확장이 그들만의 나쁜 짓은 아니었던 거야. 착한 사람과 나쁜 사람을 단순히 가를 게 아니라, 역사적 맥락을 살펴보면 그 속의 인물들이 흥미롭게 다가온단다.

이 책에 나오는 도둑들은 세계사에 큰 영향을 끼쳤어. 고향을 떠난 바이킹은 프랑스, 영국, 러시아, 이탈리아에 자리 잡으면서 유럽 국가들이 세워지는 데에 중요한 역할을 했어. 중세 유럽을 지배했던 로마 가톨릭은 성유골을 훔치는 등 탐욕을 보이다가 결국 종교개혁을 불러왔지. 해적 드레이크는 영국이 해상 제국으로 성장하는 것을 도왔고, 산적이었던 판초 비야는 멕시코혁명에서 농민들을 이끌었어. 또한 문화재를 약탈한 강대국들은 인류의 문화유산이 소중함을 일깨워 주었지.

이제부터 그들을 만날 거야. 거센 파도를 용감하게 헤치고 나아간 바이킹, 캄캄한 밤에 성인의 유골을 훔친 수도사, 에스파냐의 무적함대를 혼쭐

낸 해적 드레이크, 가난한 사람들의 영웅 판초 비야, 그리고 전쟁 중에 문화재를 약탈한 강대국들. 어때, 가슴이 두근대지 않니? 함께 역사 속으로 들어가 보자.

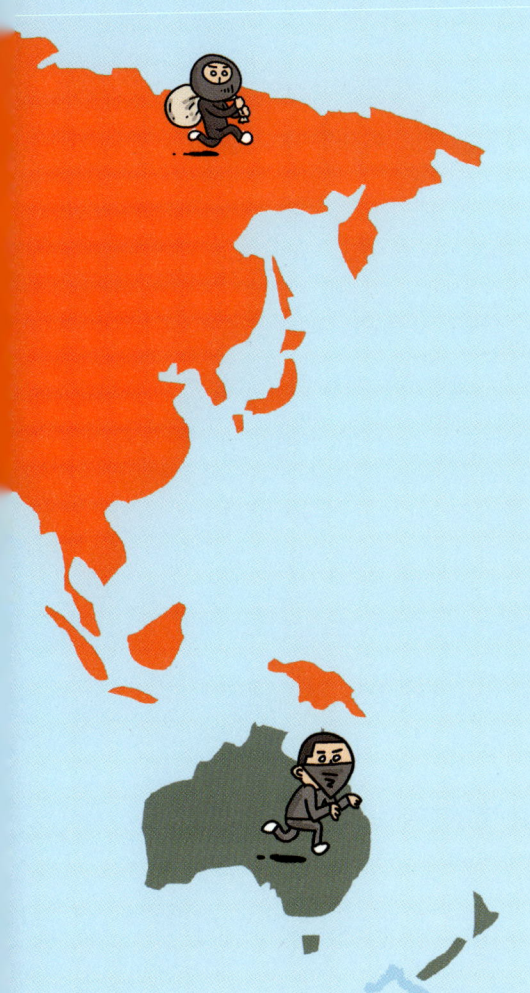

1장
약탈자 바이킹의 숨겨진 모습

바이킹 하면 놀이기구를 떠올리는 사람이 많을 거야. 바이킹이 오르락내리락하는 동안 이 놀이기구를 탄 사람들은 무서우면서도 짜릿한 즐거움을 느끼곤 하지.

지금으로부터 약 1,000년 전 유럽에는 이 놀이기구와 똑같은 이름, 바이킹이라 불리는 사람들이 있었어. 이들은 유럽 북쪽에 살던 '노르만족(Norman族)'이었어. '노르만'은 북쪽을 뜻하는 노스(north)에 사람을 뜻하는 맨(man)이 합쳐진 말로 이해하면 기억하기 쉬울 거야. 그런데 왜 바이킹이라 불렸냐고? 이들이 살던 지역에서는 바다가 육지로 파고들어 온 곳을 '비크(vik)'라고 불렀어. 아마 노르만족이 배를 타고 '비크'를 왔다 갔다 한 데에서 '바이킹'이라는 말이 생겨났을 거야.

바이킹이 살던 북유럽은 몹시 추웠어. 인구가 늘어나면서 땅도 부족해졌지. 바이킹은 배를 타고 남쪽으로 내려왔어. 영국·프랑스 등의 해안에 불쑥 나타나 보물을 빼앗고 사람들을 노예로 잡아갔어. 이 때문에 바이킹은 해적이나 악당 같은 인상을 역사에 또렷이 남겼지.

그런데 역사 속 바이킹에는 감춰진 모습이 많아. 바이킹의 침입을 받았던 사람들의 입장에서만 본다면, 그 시절의 역사를 아주 조금밖에 알 수 없어. 사실 바이킹은 능수능란한 장사꾼에, 거침없는 모험가이기도 했어. 이렇게 이야기하니 어쩐지 바이킹이 멋있게 느껴지지 않아? 자, 이제 바이킹이 살았던 시대, 그들이 넘나들었던 지역 속으로 들어가 보자.

바닷길도 육지 길도 거침없이 나아간 바이킹

*반도
바다 쪽으로 튀어나온 육지. 삼면이 바다로 둘러싸여 있다.

먼저 바이킹의 고향부터 가 볼까? 지도에서 유럽 북부를 보면 대서양을 향해 불룩 튀어나온 스칸디나비아반도*가 있어. 이곳에 노르웨이와 스웨

바이킹의 고향, 북유럽

덴이 있지. 그 아래를 보면 조그맣게 튀어나온 덴마크가 있어. 이 세 나라, 노르웨이와 스웨덴, 덴마크가 있는 지역이 오래전 바이킹이 살던 곳이야.

이 일대는 그리스·이탈리아가 있는 남유럽이나 프랑스·독일 등이 있는 중유럽에 비해 추운 곳이야. 기름진 땅도 많지 않지. 바이킹은 이런 험난한 자연환경을 이겨 내며 살아갔어. 울창한 숲의 나무를 베고 땅을 갈아 농사를 지었고, 순록을 가축으로 길들였고, 바다에 나가 물고기도 잡았단다.

바다 가까운 곳에 살다 보면 배 만드는 기술이 발달하게 마련이야. 바이킹 역시 오래전부터 튼튼하면서도 가벼운 배를 만들기 위해 노력했어. 그러한 노력과 기술이 차곡차곡 쌓여 마침내 바이킹은 유럽 최고의 배를 만들었어.

유럽 최고의 배를 만든 바이킹

많은 시행착오 끝에 바이킹은 배에 돛대를 세우고 돛을 다는 법을 알아냈어. 그들은 돛대를 기준으로 좌우가 똑같은 배를 만들었어. 그리고 배를 저을 수 있도록 노를 달았지.

바이킹의 배는 재빨리 움직일 수 있었고, 얕은 강도 건널 수 있도록 설계되었어. 해안에 다가가기도 쉬웠지. 나중에 바이킹은 배의 뒷부분에 방향을 조정하는 키까지 달았어. 이 키를 사용해서 배의 몸체를 누르면, 가고 싶은 방향으로 배를 몰 수 있었어.

바이킹의 배 몇 척은 훗날 부서진 채 발견된 후 원래 모습으로 만들어졌어. 그중 노르웨이에서 발견된 오세베르그(Oseberg)호가 유명해. 복원된 이 배는 길이가 20미터가 넘고, 30명이 넘는 사람이 노를 저을 만큼 커다란 배야. 뱃머리의 아름다운 곡선이 시선을 끌기도 하지. 그런데 이 배는 장례를 지내는 데 사용되었어. 9세기의 어느 날, 높은 신분의 여인이 죽자 바이킹들이 침대, 수레 등 많은 물건과 함께 시체를 배에 실어 땅속에 묻은 것으로 짐작돼. 이 배가 발견된 덕분에 바이킹 배의 모습은 물론 당시의 생활 모습도 밝혀졌어.

복원된 오세베르그호.
이 배는 노르웨이 오슬로
바이킹 배 박물관에
전시되어 있어.

좋은 배가 있으니 바이킹은 바다가 두렵지 않았어. 그들은 배를 타고 북유럽 밖으로, 점점 더 머나먼 곳으로 나아갈 수 있었어.

인류 역사에서 지역 간의 교류는 일찍부터 있었어. 바이킹도 다른 지역을 자주 오가며 교류했지. 북유럽에서 나는 순록의 가죽, 바다코끼리의 상아 등은 다른 지역에 가면 진귀한 물품으로 대환영을 받았단다.

바이킹은 배를 타고 남쪽으로 내려가 서유럽 사람들과 교류했어. 동쪽으로는 발트해를 건넌 다음 러시아 지역의 강을 따라갔어. 바이킹은 거기서 다시 흑해를 건너 비잔티움제국*으로 갔단다. 더 나아가 카스피해 너머 서아시아 지역까지 간 바이킹도 있었어.

바이킹 덕분에 아름다운 보석, 황금 십자가, 고급 옷감, 은화 등 여러 지역의 물건이나 화폐가 멀리까지 전달되고 교환될 수 있었어. 그러는 동안 유럽의 상업과 무역이 활기를 띠었고 도시가 발달했어.

그런데 바이킹은 육지에서는 어떻게 이동했을까? 바이킹은 간편한 배를 사용해 러시아, 비잔티움제국 등 육지 길로도 멀리까지 갈 수 있었어. 배가 지날 수 없는 곳에 이르면 즉시 배에서 내려 바닥에 통나무들을 깔아 놓고 그 위에 배를 굴렸지. 어깨에 배를 떠메고 갈 때도 있었어. 그러다 강이나 바다가 나타나면 다시 배를 타고 나아갔지.

바이킹이 북유럽에서 출발해서 오늘날의 터키와 서아시아까지 간 건 대단한 일이야. 아직 교통이 발달하지 않았을 때였으니 말이야. 바다에서는 거센 파도를 만나 목숨을 잃을 수 있었어. 육지는 길이 정비되지 않은 데다가 사나운 짐승이 언제 공격해 올지 몰랐지.

게다가 도둑을 맞닥뜨릴 위험도 있었어. 자칫하면 바이킹은 도둑에게 값나가는 물건도 빼앗기고 목숨마저 위태로울 수 있었어. 그래서 바이킹은

* **비잔티움제국**
고대 로마제국은 395년에 동로마와 서로마로 나뉘었다. 이 중 동로마가 비잔티움제국이다. 고대 도시 '비잔티움(오늘날의 터키 이스탄불)'에서 비롯되었기 때문에 '비잔티움제국'이라고 불리게 되었다.

바이킹이 타고 왔던 배를 어깨에 메고 가는 모습이야. 목판에 새겨 찍은 이 그림은 16세기에 스웨덴의 올라우스 마그누스(Olaus Magnus)가 낸 책에 실려 있어.

무기로 단단히 무장하고, 튼튼한 체력을 유지했어. 바이킹이 오늘날 강인한 이미지로 전해지는 건 이 때문일 거야.

서유럽, 비잔티움제국 등의 사람들은 장사꾼으로서의 바이킹을 무척 반겼어. 바이킹은 먼 길도 아랑곳하지 않고 귀한 물건을 가져다주는 사람들이었으니까. 물론 바이킹은 그 대가로 돈을 벌 수 있었지. 그런데 귀한 물건 말고도 사람들이 절실히 찾는 것이 있었어. 바로 노예였어. 바이킹은 노동력이 많이 필요한 곳에 노예들을 데려가서 팔기도 했어.

이렇게 다른 지역과 교류하는 과정에서 바이킹은 귀한 물건을 금세 알아볼 수 있게 되었고, 돈을 버는 방법도 터득했어. 더 넓은 세상을 알게 되자, 유럽의 북쪽 끄트머리에 사는 게 답답하게 느껴졌겠지?

8세기 무렵 북유럽은 날씨가 풀리면서 농작물이 많아져 인구가 늘어났어.

농사지을 수 있는 땅은 한정되어 있는데 사람들이 북적거렸지. 많은 사람들이 비좁은 곳을 떠나 넓은 세상으로 나아가고 싶어 했어. 그리고 당시 북유럽 사람들은 큰 죄를 지으면 살던 곳을 떠나야 했단다. 이렇게 해서 새 삶을 찾는 사람이나 큰 죄를 지은 사람들이 북유럽을 떠났어. 수많은 바이킹이 이 시기에 이동한 데는 다른 이유도 있을 거야. 분명한 건, 이유야 어찌 되었든 바이킹의 이동이 세계사를 바꿔 놓았다는 사실이야.

약탈자 바이킹이 몰려오다

북유럽에서 몰려나온 바이킹은 본격적으로 약탈에 나섰어. 793년 6월, 영국에서는 린디스판 수도원이 습격을 당했어. 그날도 린디스판 수도원의 수도사들은 평소와 다름없이 성경을 베껴 쓰거나 농작물을 돌보고 있었

어. 그런데 도끼와 칼로 무장한 바이킹이 수도원에 들이닥친 거야. 바이킹은 수도원을 난장판으로 만들면서 황금 십자가, 보석이 붙은 복음서 등을 잔뜩 챙겨 갔어. 그들은 근처 마을에서도 값나가는 물건을 챙긴 다음, 노예로 팔기 위해 사람들을 끌고 갔어.

이 무렵 바이킹이 영국, 프랑스 등을 자주 습격했어. 습격당한 사람들의 공포와 원망이 하늘을 찔렀지. 여기서 잠깐 생각해 볼 게 있어. 바이킹이 도둑질하고 사람들을 잡아가서 노예로 팔아넘긴 건 나쁜 일이 분명해. 그런데 바이킹이 유독 나쁜 사람들이었을까?

바이킹이 약탈을 일삼던 때는 중세였어. 중세는 고대와 근대 사이를 가리키는 말이야. 역사학계에서는 대개 서로마제국이 멸망한 476년부터 1500년 무렵까지 1,000년에 가까운 시간을 중세라고 본단다.

중세 유럽에서는 왕이 나라 전체를 휘어잡고 다스릴 만큼 권력이 강하지 않았어. 사회 질서도 잡혀 있지 않았고, 국가들의 국경선도 확정되지 않았지. 말을 탄 기사들이 여기저기에서 전투를 벌이고, 폭력과 전쟁이 난무하던 때야. 한 예로 768년부터 814년까지 프랑크왕국*을 다스린 카롤루스 대제는 유럽 대부분을 차지해서 오늘날 '유럽의 아버지'로 칭송받고 있어. 하지만 그가 이룬 업적은 계속 전쟁을 벌여 얻은 결과였지. 그가 영토를 확대하는 동안 수많은 사람들이 죽거나 부상당했어.

그리고 당시 유럽 대부분의 지역에서는 크리스트교가 사람들의 일상을 지배하고 있었어. 다른 종교를 믿는 사람들은 적대시되었는데, 바이킹은 아직 크리스트교를 믿지 않았기 때문에 유럽 사람들에게 악마처럼 나쁘게 비쳐졌을 거야.

* 프랑크왕국
유럽 북부에 살던 게르만족은 4세기 후반부터 대대적으로 이동하여 여러 왕국을 세웠다. 프랑크왕국은 그중 하나로, 크리스트교를 받아들이고 갈리아 지방에 뿌리를 내렸다. 카롤루스 대제 때 전성기를 이루었으며, 훗날 프랑스로 발전했다.

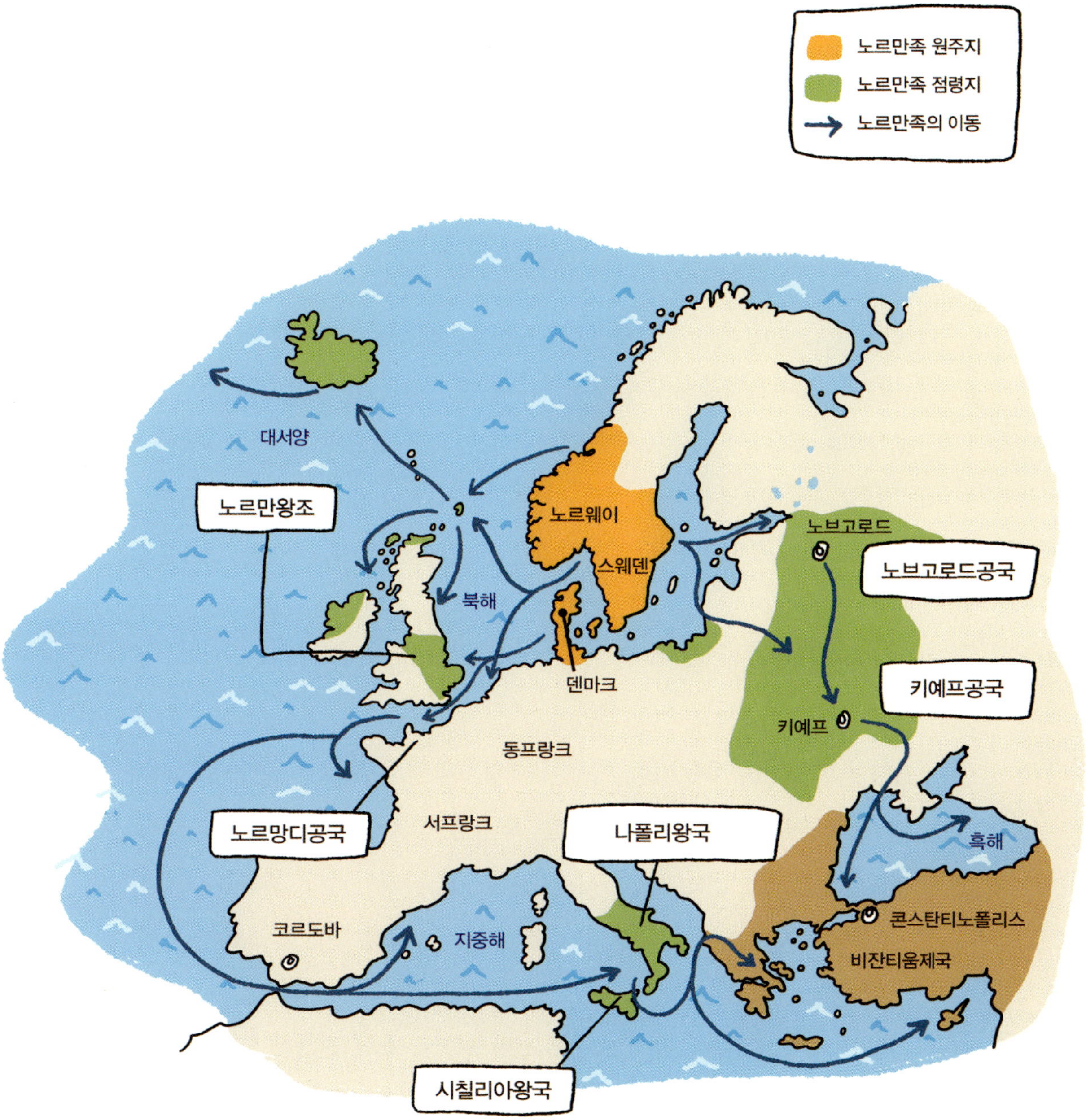

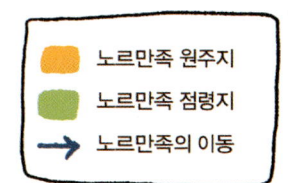

북유럽에서 세력을 뻗어 나간 바이킹

유럽 곳곳에 자리 잡은 바이킹

바이킹은 점차 유럽 곳곳에 자리 잡고 살아갔어. 동쪽으로 간 바이킹은 오늘날의 러시아 지역에서 슬라브족을 비롯한 여러 종족과 함께 살다가 노브고로드공국*과 키예프공국을 세웠어. 이 두 나라는 훗날 러시아에 합쳐졌지.

더 동쪽으로 간 바이킹은 비잔티움제국에 이르렀어. 비잔티움제국에서는 전투에 단련된 군사들이 필요했는데, 건장한 체격의 바이킹이 제격이었지. 바이킹은 비잔티움제국 황제의 호위군이 되기도 했어.

남쪽으로 간 바이킹은 북해를 건너 오늘날의 프랑스와 영국에 도착했단다. 바이킹은 프랑크왕국을 여러 번 공격했는데, 프랑크왕국은 카롤루스대제가 다스릴 때에만 해도 바이킹을 물리칠 수 있었어. 하지만 카롤루스대제가 죽은 뒤 프랑크왕국은 점점 약해져서 동프랑크(오늘날의 독일), 서프랑크(오늘날의 프랑스), 중프랑크(오늘날의 이탈리아)로 나누어졌어. 그러는 동안에도 바이킹의 침입은 계속되었어.

급기야 바이킹의 우두머리, 롤로가 프랑크왕국의 북서부 지방을 완전히 장악했어. 프랑크왕국의 샤를 3세는 도저히 힘으로는 바이킹을 당해 낼 수 없다는 걸 깨달았지. 911년 샤를 3세는 땅을 떼어 주고 롤로를 노르망디 공(공작)으로 삼았어. 그 지역이 오늘날의 노르망디야. '노르만족의 땅'이란 뜻이지.

롤로는 크리스트교를 받아들이고 프랑크왕국 왕의 신하가 되기로 약속했어. 그런데 중세 유럽에서는 신하가 된다는 게 별 의미가 없었어. 각 지역을 다스리는 사람들의 권력이 왕 못지않게 강했거든. 아무튼 롤로가 이끄는 바이킹 무리는 이때부터 노르망디에 정착했어. 그러는 동안 바이킹은

* 공국(公國)
중세 유럽에서 공작으로 임명된 사람이 다스린 작은 나라이다.

프랑크왕국 사람들과 자연스레 하나가 되어 갔지.

　영국에서도 바이킹의 공격은 계속되었어. 바이킹과 싸우다 지친 영국은 일부 지역에 한해 바이킹이 살도록 허락했어. 그 결과 영국에서도 원래 그 지역에 살던 사람들과 바이킹의 문화가 섞이게 되었지. 바다 건너 노르망디공국과의 왕래도 잦았어.

　그런데 1066년, 영국 왕 에드워드가 세상을 떠났어. 에드워드는 어머니의 고향 노르망디에서 자란 사람이었는데, 왕위를 이을 아들이 없었어. 여러 사람이 왕위를 계승하겠다고 나섰어. 롤로의 후손인 노르망디 공 윌리엄은 에드워드가 생전에 자신에게 영국을 물려주기로 약속했다고 주장했어. 그러나 왕위는 에드워드의 처남 해럴드 2세에게 넘어갔지. 화가 난 윌리엄은 군대를 모아 영국으로 쳐들어갔어. 치열하게 전투를 벌인 끝에 해럴드가 목숨을 잃고, 윌리엄이 승리를 거뒀어. 이렇게 영국에 노르만왕조가 세워지게 되었단다.

　한편 영국·프랑스보다 더 남쪽으로 내려간 바이킹은 지중해에 이르렀어. 그들은 오늘날의 이탈리아 남부와 시칠리아에 시칠리아왕국을 세웠어. 시

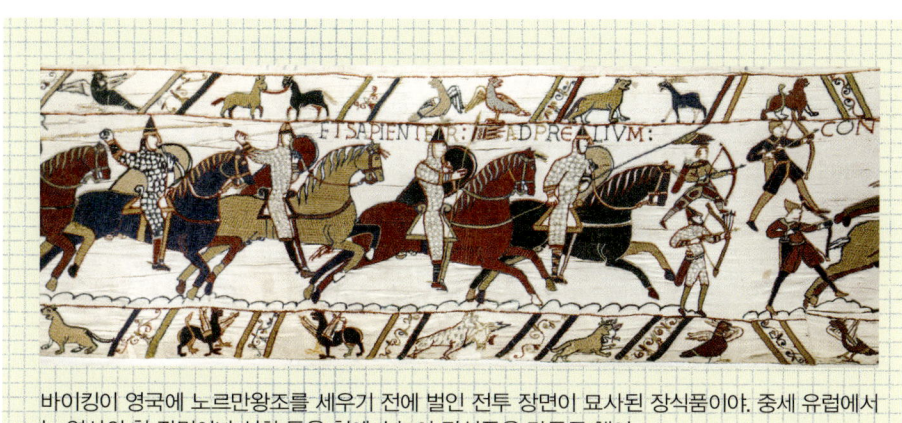

바이킹이 영국에 노르만왕조를 세우기 전에 벌인 전투 장면이 묘사된 장식품이야. 중세 유럽에서는 역사의 한 장면이나 신화 등을 천에 수놓아 장식품을 만들곤 했어.

칠리아왕국은 나중에 나폴리왕국과 시칠리아왕국으로 나뉘게 돼.

이처럼 바이킹은 처음에는 약탈하고 나서 고향으로 돌아갔지만, 차츰 유럽 곳곳에 뿌리를 내리고 국가를 세웠어. 만약 바이킹이 없었다면 오늘날의 러시아·프랑스·영국·이탈리아 등은 존재할 수 없을 거야. 한마디로 바이킹의 역사는 유럽사에서 중요한 위치를 차지하고 있어.

바이킹이 여러 민족과 한데 어우러져 사는 가운데 유럽 문화가 발달하게 되었지. 문화가 섞인 건 언어만 봐도 알 수 있어. 오늘날 영어에는 바이킹의 언어에 기원을 둔 것도 있고, 프랑스어와 비슷한 것도 많아. 이는 바이킹의 이동이 가져온 결과란다.

모험을 무릅쓰고 새로운 대륙으로 가다

바이킹이 한창 바다를 누비던 때는 지금으로부터 약 1,000년 전이야. 그들의 항해는 목숨을 건 모험일 때가 많았어. 바이킹의 배는 당시 유럽에서는 최고 수준으로 만들어졌지만, 한참 후에 등장하는 근대식 배에 비하면 다루기가 무척 힘들었어. 배의 방향과 반대로 바람이 불 때면, 갈 지(之) 자로 항해를 했지. 또 돛대보다 몇 배나 높은 파도가 갑자기 배를 덮칠 수도 있었어. 바이킹은 마치 곡예를 하듯 바다의 물살을 갈랐을 거야.

나침반도 아직 없었는데, 방향은 어떻게 가늠했을까? 바이킹은 막대기를 세워 놓고, 그림자의 길이 변화를 살폈어. 그림자가 가장 짧을 때 태양은 가장 높이 떠 있었고, 그림자의 양끝은 북쪽과 남쪽을 가리켰지. 그리고 바이킹은 새들이 날아가는 쪽에 육지가 있을 거라 짐작했고, 바닷물이 흐르는 모습도 주의 깊게 살폈어. 밤하늘의 별을 보며 길을 찾기도 했지. 이런 상황 속에서 바이킹은 서쪽으로 항해하여 아이슬란드, 그린란드를 거쳐 아메리카 대륙까지 이르렀어.

레이프 에이릭손은 바이킹을 이끌고 아메리카 대륙에 상륙했다고 전해져. 에이릭손은 북대서양의 외딴섬 아이슬란드에서 태어났어. 그의 아버지는 '붉은 머리 에리크'라고 불렸는데, 욱하는 성격 탓에 자꾸 사고를 쳐서 고향 노르웨이에서 쫓겨나 아이슬란드로 갔어. 그곳에서도 에리크는 다시 문제를 일으켜서 추방 명령을 받았어.

에리크는 새로 정착할 곳을 찾아야 했지. 그는 몇몇 사람과 함께 서쪽으로 배를 저어 갔어. 그들이 항해한 바다 곳곳에는 빙산이 있었어. 그래도 굴하지 않고 얼음 바다를 헤치고 나아간 끝에 커다란 섬에 다다를 수 있었지. 에리크는 그 섬에 '초록빛 땅'이라는 이름을 붙였어. 이 섬이 바로 그린란드(Greenland)야. 그린란드는 세계에서 가장 큰 섬으로 지금은 덴마크 땅이지.

에리크는 추방 기간이 끝나자 아이슬란드로 돌아갔어. 그리고 함께 그린란드로 갈 사람들을 모았지. 초록빛 땅이라는 이름에 혹한 사람들도 있었고, 새로운 삶을 찾고 싶은 사람들도 있었어. 그들은 그린란드로 가서 마을을 이루고 살았단다.

그의 아들 레이프 에이릭손은 반듯한 성격이었지만, 거침없는 모험심은 아버지를 닮았던 모양이야. 에이릭손은 그린란드로 가다가 폭풍우를 만난 사람의 얘기를 들었어. 그 사람은 파도가 잠잠해지기만을 기다리며 바다에서 여러 날을 보냈대. 그러다가 뜻밖에 육지를 발견했는데, 그는 상륙하지 않고 원래 목적지였던 그린란드로 갔다는 거야. 이 얘기를 듣고 호기심이 동한 에이릭손은 사람들을 모아 항해를 떠났지.

며칠간의 항해 끝에 그들은 드디어 육지를 발견했어. 그들은 조심조심 닻

을 내리고 해안에 다가가 상륙했지. 그곳은 지금의 캐나다 뉴펀들랜드섬으로 짐작되고 있어. 에이릭손 일행은 다시 배에 올라 그 일대를 탐험했어.

　에이릭손 일행은 육지를 발견할 때마다 새로운 땅을 이곳저곳 살폈는데, 그중에는 포도나무(vine)가 많은 곳이 있었대. 에이릭손 일행은 '포도나무가 많은 땅'이라는 뜻으로 그 지역에 '빈랜드(Vinland)'라는 이름을 붙여 주었어. 그들은 겨울을 난 뒤 그린란드로 돌아갔는데, 학자들은 그들이 인디언과 싸우고 나서 돌아갔을 거라 짐작해.

　미국 예일대학교 도서관에는 바이킹의 빈랜드 상륙과 관련된 지도가 소장되어 있어. 그러나 학자들이 온갖 과학적 방법을 동원해 봤지만 이 지도가 진짜인지, 후대에 가짜로 만든 것인지는 알 수 없다고 해.

　이러한 논란과는 무관하게, 바이킹의 아메리카 상륙은 사실로 밝혀졌

노르웨이 화가 크리스티안 크로그가 1893년에 그린 그림이야. 〈레이프 에이릭손, 아메리카를 발견하다〉란 제목이 붙어 있어.

어. 고고학자들이 뉴펀들랜드에서 1000년경 바이킹이 살았던 집들의 흔적을 발견했거든. 아메리카에 간 유럽인으로는 콜럼버스가 유명하지? 콜럼버스는 1492년에 아메리카 대륙에 이르렀는데, 바이킹의 상륙은 이보다 약 500년이나 앞선 일이었어.

대서양을 항해한 바이킹의 비상식량

바이킹은 북아메리카에 다다를 때까지 대서양을 항해했어. 언제 육지가 나타날지, 아무도 예상할 수 없었지. 바이킹은 기나긴 항해를 어떻게 버텼을까?

북반구의 대서양 바닷물은 몹시 차가웠어. '대서양 대구'라는 물고기가 떼를 지어 다니는 곳이었지. 바이킹은 이 물고기를 바짝 말려서 비상식량으로 준비했어. 말린 대구는 맛 좋은 음식은 아니었지만 단백질을 공급해 주었고, 잘 상하지도 않았어. 바이킹은 말린 대구를 질겅질겅 씹으며 여러 날을 바다에서 버틸 수 있었어.

한자로 '대구(大口)'는 입이 크다는 뜻인데, 이 물고기는 입만 큰 게 아니야. 대서양 대구는 해마다 쑥쑥 자라서 보통 몸의 길이가 1미터 가까이 되고, 수백만 개의 알을 낳아. 그리고 얕은 물속을 돌아다니면서 무엇이든 덥석 물어서, 사람들이 잡아 올리기 쉬웠어. 미국 매사추세츠주의 동남쪽에 위치한 코드곶(Cape Cod)은 대구(영어로 cod)가 많이 잡혀서 붙여진 이름이란다.

15세기 무렵부터 대서양 대구는 소금에 절여져 멀리 유통되었어. 피레네산맥 부근에 사는 바스크족이 이 물고기를 대량으로 잡아서 유럽 각지에 팔았지. 대서양 대구는 오랫동안 서양 사람들이 즐겨 먹는 생선이었지만, 너무 많이 잡다 보니 멸종 위기에 처했단다.

바이킹의 저력, 북유럽 후손들에게 이어지다

바이킹이 바다를 건너 곳곳으로 나아가는 동안, 그들의 고향 북유럽에서는 어떤 역사가 펼쳐졌을까? 9세기에 프랑크왕국 카롤루스 대제는 영토를 넓히면서 덴마크까지 넘보았어. 그러나 덴마크는 프랑크왕국의 침입을 막아 내면서 줄곧 국경을 지켰어.

10세기에는 덴마크의 왕인 하랄 블로탄(Harald Blåtand)이 덴마크를 통일한 가운데 크리스트교를 받아들였어. 이 무렵부터 크리스트교가 북유럽으로 퍼져 나갔지. 블로탄에 대해서는 재미있는 이야기가 전해져. 그는 블루베리를 즐겨 먹은 탓인지 치아가 퍼렇게 물들었대. 블로탄이라는 이름도 영어로는 블루투스(blue tooth), 즉 '파란 이'라는 뜻이야. 여기서 전자 제품을 무선으로 연결하는 기술인 블루투스라는 말이 유래했어.

다시 북유럽 이야기로 돌아가 보자. 16세기에 독일에서 마르틴 루터가 종교개혁을 일으킨 후 북유럽의 종교에도 변화가 찾아왔어. 종교개혁은 로마 가톨릭을 비판하면서 일어난 사건으로, 이후 개신교가 생겨나 유럽에 퍼지게 돼. 북유럽 국가들도 이 무렵 개신교를 믿게 되었단다.

덴마크·스웨덴·노르웨이는 북유럽 신화를 비롯한 전통문화를 공유했고 언어, 정서 등이 비슷했어. 14세기에는 세 나라가 함께 맞설 적이 나타났어. 북해와 발트해에 위치한 신성로마제국*의 도시들이 무역에서 이익을 많이 얻기 위해 동맹을 맺은 거야. 이에 맞서 1397년에 덴마크·스웨덴·노르웨이도 동맹을 맺었어. 이 동맹은 1523년에 스웨덴이 독립할 때까지 이어졌지.

스웨덴은 구스타브 2세(재위 1611~1632년) 이래 국력을 키워 북유럽 최고의 강국으로 성장했어. 그러나 19세기에 영토의 일부였던 지금의 핀란드

* **신성로마제국**
962년 교황이 동프랑크왕국의 오토 1세에게 로마제국 황제의 관을 머리에 씌워 주면서 시작되었다. 독일을 중심으로 세력을 뻗쳤으나 19세기 초에 프랑스 나폴레옹의 공격으로 무너졌다.

땅을 러시아에 내주었어. 핀란드는 1917년에 이르러 독립을 선언하게 돼. 한편 노르웨이는 오랫동안 덴마크의 지배를 받다가 1814년에 스웨덴에 넘겨진 후 1905년에 완전히 독립했어.

그 후 스웨덴·핀란드·노르웨이·덴마크는 서로 앞서거니 뒤서거니 하며 발전해 갔어. 북유럽 국가들은 국민들이 고르게 잘사는 나라, 즉 복지국가의 모범으로 주목받고 있어. 세계 국가들은 대부분 자본주의가 발달하면서 가난한 사람들과 부유한 사람들의 경제 수준 차이가 심하게 벌어지고, 직장을 잃은 사람들이 늘어나는 문제를 겪고 있어. 북유럽 국가들은 일찌감치 그런 문제들을 해결했단다.

북유럽 국가들이 복지국가로 나아간 데에는 1917년에 일어난 러시아혁명이 큰 영향을 끼쳤어. 러시아혁명으로 최초의 사회주의국가가 탄생했는데, 북유럽 국가들은 그 영향이 자기 나라에 미칠까 우려했어. 그래서 자본주의 체제를 유지하면서 국민들이 다 같이 잘살 수 있는 방법을 모색했지. 이러한 정책이 오랫동안 실시된 결과, 북유럽에서는 소득이 많은 사람

덴마크의 국기는 빨간 바탕에 흰색 십자가가 그려져 있는데, '덴마크의 힘'이라는 뜻에서 '단네브로'라고 불러. 이후 크리스트교를 받아들인 스웨덴과 노르웨이도 덴마크의 영향을 받아 국기가 비슷해졌어.

이 세금을 많이 내고 소득이 적은 사람은 세금을 조금 내는 제도가 정착되었어. 그렇게 거둔 세금을 복지 정책에 사용하는 것도 자연스러운 일이 되었지. 북유럽 국가들은 개인의 개성과 적성을 살려 주는 교육, 양성평등과 친환경으로 나아가는 정책 등에서도 주목받고 있단다.

북유럽은 우리나라에서 멀리 떨어진 지역이지만 북유럽 제품은 우리 주위에서 쉽게 찾아볼 수 있어. 전 세계 사람들이 좋아하는 레고 장난감은 1930년대에 덴마크에서 시작되었어. 독특한 아이디어가 빛을 발한 예라 할 수 있지. 창의성과 개성을 살려 주는 북유럽의 사회 분위기 덕분에 이러한 제품이 개발될 수 있었을 거야.

노르웨이 출신의 명사로는 북극을 탐험한 프리드쇼프 난센, 최초로 남극점에 도달한 로알 아문센이 있어. 바이킹의 모험심을 떠올리게 하는 사람들이지.

"북풍이 바이킹을 만들었다."라는 속담이 있어. 바이킹의 고향 북유럽은 언제나 매서운 추위, 거센 파도와 싸워야 하는 곳이었어. 바이킹은 험난한 환경을 딛고 강인한 역사를 써 나갔고, 오늘날 후손들도 세계에서 두각을 나타내고 있단다.

2장
종교를 내걸고 성유골을 훔친 사람들

가톨릭에서는 성인을 숭배하는데, 중세 유럽 사람들은 성인이 죽은 뒤 남은 유골인 성유골에도 신비한 힘이 있다고 믿었어. 그래서 경건한 마음으로 수행에 전념해야 하는 수도사까지 성유골 도둑질에 나섰어. 성유골이 비싼 값에 판매되기도 했지.

유골을 훔친다니 어쩐지 으스스하지? 성유골 도둑질은 단순히 엽기적인 사건이 아니야. 성유골을 훔친 사람들은 자신의 행동을 정당하다고 생각했고, 도난당한 측에서는 돌려받는 걸 포기했어. 보통 도둑질이 아니라 종교를 내건 '거룩한' 도둑질이었기 때문이야.

성인에 대한 숭배는 중세 유럽 사람들의 소박한 마음에서 출발했어. 사람들은 질병, 재난 등 어려움에 처할 때마다 누군가에게 의지해야 했어. 성인은 크리스트교의 복잡한 교리나 멀게 느껴지는 하느님보다 훨씬 다가가기 쉬운 대상이었지.

문제는, 이런 사람들의 마음을 이용해 욕심을 부린 교회였어. 종교의 목적은 세속의 미움, 탐욕, 폭력 등에서 벗어나는 데에 있을 텐데, 중세 유럽의 교회, 교황, 성직자 들은 세속의 유혹에 넘어가 버렸어. 이러한 가톨릭의 부패는 결국 종교개혁을 불러오게 돼. 자, 이제 중세 유럽의 성유골 도둑질 현장으로 함께 가 보자.

신자들을 모으기 위해 성유골을 훔치다

성유골 도둑질의 예를 들어 볼게. 가톨릭에서 숭배하는 성인 중에 성 피데스가 있어. 피데스는 303년에 열세 살의 나이로 신앙을 지키다가 목숨을 잃어 성인이 되었어. 프랑스 아쟁 지방의 주교가 교회를 짓고 성 피데스의 유골을 모셨는데, 그 후 이 교회에서 기적이 잇따라 일어났다고 해.

중세 유럽 사람들은 성인이 세상을 떠나더라도 그의 유골은 신비한 힘을 발휘한다고 생각했어. 병든 사람, 시름에 빠진 사람, 중요한 일을 앞둔 사람 들이 성유골을 보러 왔어. 성 피데스의 유골을 찾아 멀리서 아쟁을 방문하는 사람들도 많았지.

9세기의 어느 날, 낯선 성직자가 아쟁 지역을 관할하는 종교 단체에 찾아왔어. 성 피데스를 존경한다던 그는 종교 단체의 허락을 받아 아쟁에 머물게 되었지. 그가 아쟁에 온 후 여러 해가 지났어. 그는 묵묵히 신앙생활을 한 덕분에 여러 성직자의 두터운 신임을 받았고, 성유골을 지키는 직책도 맡게 되

죄송해요!
죄송합니다!!

었어. 그러던 그가 교회에 홀로 남은 어느 날, 무덤에서 성 피데스의 유골을 훔쳐 도망가 버렸어.

　나중에 밝혀진 바에 따르면, 그 사람은 콩크 수도원에서 보낸 수도사 아리니스두스였어. 콩크 수도원은 위치가 좋지 않은 데다가 공간도 좁았는데, 근처에 다른 수도원까지 생기면서 신자들이 갑자기 줄어들었어. 콩크 수도원은 체면이 깎였을 뿐 아니라 재정적으로도 곤경에 처했지. 그래서 신자들을 끌어오기 위해 성유골 도둑질까지 무릅썼던 거야.

　아쟁을 떠난 성 피데스의 유골은 이제 콩크 수도원에서 기적을 일으켰어. 이 소문이 퍼져 나가자 수많은 순례자*의 발길이 줄을 이었고, 콩크 수도원 사람들은 기쁨의 환호성을 올렸지.

　이와 같은 일은 9~11세기 유럽에서 흔히 일어났고, 기록도 많이 남아 있어. 교회는 유명한 성인의 유골을 갖고 나면, 농촌을 돌아다니며 성인이 일으킨 놀라운 기적을 이야기하면서 헌금을 권유했어. 그렇게 돈을 모으고 나면 교회 건물을 근사하게 새로 짓고 위용을 떨칠 수 있었지. 교회가 커질수록 왕과 권력자들을 비롯해, 돈 많은 신자들이 더욱더 모여들었어. 그러니 교회들은 유명한 성유골을 차지하려고 혈안이 될 수밖에 없었던 거야.

　성유골 도둑질이 어떻게 일어났는지, 그 결과 소유권이 어느 교회에 돌아갔는지 등의 내용은 구구절절 기록으로 남아 있어. 그 기록을 보면 성유골 도둑질이 어떤 경우에 정당화되었는지 알 수 있어. 하나하나 살펴볼까?

　우선 성인의 허락을 받고 성유골을 옮긴 경우야. 성인이 환영(幻影) 속에 나타나 유골을 옮겨 달라고 부탁한 뒤, 유골을 무사히 옮기도록 도와줬다는 거야. 원래 자리가 괜찮은데도 도둑이 성유골을 옮기려 할 때도 있었겠지? 당시 사람들은 이런 경우에는 성인이 기적을 일으켜 성유골 도둑을 혼

* 순례자
종교적인 유적을 방문하는 사람.

내 준다고 믿었어.

 그 외에 성유골이 위험에 노출되었거나 제대로 관리되지 못할 경우, 지역 사람들을 구원하기 위해 성유골이 필요한 경우, 도둑이 신앙 깊고 착한 사람일 경우에도 도둑질이 정당화되었어.

 정말 이런 이유에서 성유골을 옮겼는지는 알 수 없어. 성유골이 욕심나서 핑계를 댄 경우가 많을 거야. 그런데 유럽에서 성유골 도둑질이 성행하던 때는 지금으로부터 1,000년도 더 전이야. 오늘날 우리가 생각하는 기준으로 함부로 판단할 수는 없단다.

 중요한 건, 당시 유럽에서는 성유골 도둑질이 필요했다는 사실이야. 어째서 수도사까지 성유골 도둑질에 앞장선 걸까? 그 답을 찾기 위해 우선 크리스트교가 처음 생겨나던 때, 그리고 성인이 숭배되던 초기 크리스트교 시절로 거슬러 올라가 보자.

로마제국 말기부터 생겨난 크리스트교의 성인들

예수가 창시한 크리스트교는 당시 사람들에게 파격적으로 다가왔어. 크리스트교는 차별을 부정하고 누구나 구원받을 수 있음을 주장했기에, 변화를 두려워하는 사람들이나 권력자들과 부딪칠 수밖에 없었지.

예수와 열두 제자가 활동한 예루살렘은 로마제국에 속해 있었어. 그 시절 로마에서는 유피테르*를 비롯한 여러 신을 믿었고, 황제도 신처럼 떠받들었지. 크리스트교는 노예, 가난한 사람, 여성 등 사회에서 소외된 사람들을 중심으로 나날이 퍼져 나갔어. 하지만 유대교의 교리를 고수하는 사람들과 부딪쳤고, 황제 숭배 거부 문제 때문에 로마제국의 탄압을 받게 되었어.

크리스트교 신자들이 무시 못 할 수준으로 불어나자, 313년에 로마 황제 콘스탄티누스는 크리스트교를 공식적으로 인정한다는 내용의 밀라노 칙령을 발표했어. 392년에는 테오도시우스 1세가 크리스트교를 로마제국의 국교로 삼았어. 그러기까지 수많은 신자들이 박해를 받다가 목숨을 잃었어. 예수가 십자가에 못 박혀 죽은 때는 30년경으로 추정돼. 그때를 전후한 시기부터 300여 년 동안 박해가 계속되었던 거야.

한 예로, 258년에 순교*한 성 라우렌티우스는 처형되기 전에 교회의 전 재산을 가난한 사람들과 장애인들에게 나눠 주었어. 처형 날, 로마 총독이 교회의 재산을 넘기라고 말하자, 그는 재산을 나눠 준 사람들을 바라보며 "저 사람들 모두가 교회의 재물이요, 보화입니다."라고 대답했다고 해. 이렇게 의로운 삶을 살다가 고통스럽게 죽어 간 순교자들은 많은 사람들에게 깊은 인상을 남겼지.

순교자들의 이야기는 그림으로 많이 그려졌어. 그림 속에서 순교자는 예수와 나란히 서 있기도 하고, 십자가에 못 박힌 예수 옆에서 목숨을 잃

*유피테르
로마신화에 등장하는 신들 중 최고의 신으로, 그리스 신화의 제우스에 해당한다.

*순교
신앙을 지키기 위해 고난을 무릅쓰다가 목숨을 바치는 일.

는 모습으로 그려지기도 했어. 순교는 예수가 가시관을 쓰고 십자가에 못 박힌 수난을 순교자가 다시 겪음을 의미했고, 그러한 죽음은 예수의 희생 다음으로 거룩한 일이었어.

이탈리아 화가이자 수도사 프라 안젤리코가 그린 종교화 〈자선을 행하는 성 라우렌티우스〉야. 성 라우렌티우스가 다리가 불편한 사람, 가난한 사람 등에게 돈을 나눠 주는 모습이 담겨 있지. 이 작품은 바티칸 니콜라우스 성당에 소장되어 있어.

순교자들은 성인으로 추대되었어. 그 외에도 여러 신자들이 크게 의지했던 주교, 홀로 수도자의 길을 걸었던 은수자(隱修者) 등도 성인으로 추대되었지. 12세기 말에 이르러서는 성인이 너무 많아져서 로마 교황청이 검증 절차를 만들어 성인을 엄격히 골라 추대하게 돼.

어째서 성인 숭배가 퍼졌을까? 초기 신자들에게 하느님은 다가가기 어려운 존재였고 크리스트의 교리도 추상적으로 느껴졌어. 반면에 성인은 여러모로 부족한 인간들에게 친근하게 여겨졌지. 지중해 일대에 살던 신자들은 4세기 후반부터 성인을 '보이지 않는 동반자' 또는 '친밀한 동반자'라고 표현했어. 그들은 성인의 무덤을 찾아가 하소연하거나 소원을 말하면 하느님에게 전달된다고 믿었지. 이렇게 성인 숭배는 크리스트교가 퍼지는 데에 중요한 역할을 했어.

국가 권력과 손잡은 중세 크리스트교

9세기에는 프랑크왕국이 성인 숭배를 하나의 제도로 만들었어. 프랑크왕국은 교회의 모든 제단에 성유골을 갖추도록 법을 만들었고, 성인 무덤의 순례를 권장했어. 국가 정책이 이러하니 교회의 성직자들은 먼 곳에서라도 성유골을 들여와야 했지.

프랑크왕국은 왜 이런 정책을 폈을까? 국가 권력을 유지하고 사회를 안정시키는 데에 크리스트교가 도움이 되었기 때문이야. 크리스트교 측에서도 프랑크왕국이 자신들의 종교를 든든히 지켜 주길 바랐어.

프랑크왕국은 게르만족*이 남쪽으로 내려와서 세운 나라야. 게르만족은 여러 왕국을 세웠지만, 대부분 크리스트교를 비롯한 로마 문화와 어울리지 못하고 일찍 멸망했어. 이와 달리 프랑크왕국은 5세기 말에 클로비스

* **게르만족**
유럽 북부에 살던 민족을 말한다. 바이킹이라 불린 노르만족도 게르만족에 속한다.

왕이 크리스트교로 개종한 후 유럽에 굳건히 뿌리를 내렸지.

그런데 8세기에 이르러 메로빙거왕조가 무너지면서 프랑크왕국에 변화가 찾아왔어. 프랑크왕국의 왕실 장관이었던 피핀이 클로비스왕이 세운 메로빙거왕조를 무너뜨린 거야. 크리스트교에서는 신이 부여한 왕의 권력을 인간이 함부로 빼앗을 수 없다고 믿었어. 권력 욕심 때문에 크리스트교의 가르침을 거역한 피핀은 어떻게든 교황에게 잘 보여야만 했어. 그래서 이탈리아 중부를 바침으로써 자신이 새 왕조를 연 일을 교황이 슬며시 인정하도록 했지. 피핀의 뒤를 이은 카롤루스 대제도 교황과 친하게 지내면서 프랑크왕국을 다스렸어. 카롤루스 대제는 영토를 넓히면서 크리스트교 전파에도 힘을 썼단다.

* 성상
예수나 성모마리아를 표현한 그림이나 조각으로, 크리스트교를 전파하기 위해 사용되었다.

교황에게도 카롤루스 대제는 꼭 필요한 사람이었어. 교황에게 고분고분한 프랑크왕국과 달리, 비잔티움제국은 교황의 권위에 도전하고 있었거든. 비잔티움제국에서는 황제가 권력이 막강해서 교회마저 휘어잡고 있었어. 특히 비잔티움제국의 황제는 성상* 숭배를 금지하면서 교황과 팽팽히 맞섰어. 800년 교황 레오 3세는 카롤루스 대제에게 서로마 황제의 관을 머리에 씌워 주었어. 476년에 무너진 서로마제국의 뒤를 이어 크리스트교를 지켜 달라는 의미였지. 프랑크왕국이 무너져 분열한 후에는 동프랑크의 오토 1세가 신성로마제국의 황제가 되었어. 이렇게 크리스트교는 국가 권력과 단단히 손을 잡고 세력을 키워 갔어.

종교와 권력이 손을 잡으면 부패하기 마련이지!

또 하나의 로마, 비잔티움제국

비잔티움제국은 395년에 로마제국이 동서로 나뉘면서 처음 생겨났어. 그러고 나서 1453년까지 1,000년 넘게 유지되었어. 6세기 유스티니아누스 대제(재위 527~565년) 때 전성기를 맞았는데, 이때에는 옛 로마의 영토 대부분을 되찾을 만큼 강한 나라였어. 비잔티움제국의 수도 콘스탄티노폴리스는 오늘날의 터키 이스탄불인데 당나라의 장안, 이슬람 제국의 바그다드와 함께 세계 3대 도시로 꼽힐 만큼 번영했어.

그런데도 비잔티움제국의 역사는 서유럽 역사에 비해 많이 알려지지 않았어. 영국·프랑스 등 서유럽 국가들이 세계를 주도하면서 유럽의 역사도 서유럽 중심으로 연구되고 서술되었기 때문이야.

비잔티움제국 사람들이 믿던 크리스트교는 1054년에 그리스정교(동방정교)로 분리되었어. 그리스정교는 교황의 지배를 받지 않고, 비잔티움제국 황제가 이끌었어. 그리스정교는 동유럽과 러시아를 중심으로 퍼져 나갔는데, 가톨릭과 비슷하지만 다른 점들이 있어. 그리스정교의 신자들은 서서 예배를 보고, 반주 없이 찬송가를 불러. 그리고 러시아·세르비아 등은 율리우스력이라는 달력을 쓰기 때문에 크리스마스나 부활절 등의 날짜가 가톨릭이나 개신교와 다르단다.

중앙에 왕관을 쓴 사람이 유스티니아누스 대제야. 그가 양옆에 관리·군인·성직자를 거느리고 있는 모습을 통해 비잔티움제국 황제의 권력이 막강했음을 알 수 있어. 이 그림은 이탈리아 산 비탈레 성당에 소장된 모자이크화야.

중세 유럽에 널리 퍼진 성인 숭배

바이킹의 침입이 한창이던 843년, 프랑크왕국은 무너지고 말았어. 이때부터 유럽에는 강한 중앙 권력이 없는 가운데 각 지방에 권력이 분산된 봉건제가 형성되었어. 혼란스러운 시대여서 사람들은 신비한 힘이나 기적에 더욱더 의지했어. 유럽 사람들은 17세기에 일어난 과학혁명* 전까지는 과학적이고 합리적인 생각을 하지 못했어. 그러한 시대에 사람들이 의지했던 대상 중 하나가 크리스트교의 성인이었지.

중세 유럽 사람들은 물건을 잃어버렸을 때, 해충이 달려들 때, 불이 났을 때, 뱃사람이 항해할 때 도와주는 성인이 따로 있다고 믿었어. 또 각각의 질병마다 치료를 도와주는 성인이 따로 있다고 믿었지.

이런 철석같은 믿음이 어떻게 가능했는지 그 기원을 따져 보면 재미있는 사례가 있어. 눈병에 걸리거나 시각 장애가 있는 사람은 성 클레르에게 빌었는데, 클레르(Claire)에는 '맑다'라는 뜻이 있어. 영어의 클리어(clear)를 생각하면 돼. 사람들은 성 클레르가 이름 그대로 눈을 맑게 해 줄 거라 믿었지. 성 마르쿨은 목에 생기는 질병인 연주창을 치료하는 성인으로 유명했어. 마르쿨(Marcoul)이라는 단어 앞에는 질병을 뜻하는 마르(mar)가 붙어 있어. 쿨(coul)은 마지막 자음의 소리가 거의 안 나서 목을 뜻하는 쿠(cou)와 소리가 비슷해. 결국 마르쿨은 '목에 걸린 질병'이라는 뜻이 되지. 성 클레르, 성 마르쿨 같은 경우에는 아마 수도사들이 성인의 이름에 짜 맞춰 치료 능력을 부여했을 거야.

한편 각 지역 사람들은 자기 지역에서 성인이 배출되기를 바랐어. 성 프란체스코는 이탈리아 아시시 지역의 부잣집에서 태어났지만 가난한 삶을 실천하다가 프란체스코 수도회를 만든 성인이야. 전해지는 이야기에 따르

> *과학혁명
> 17세기 유럽의 과학 분야에서 일어난 획기적인 변화를 말한다. 코페르니쿠스와 갈릴레이는 지동설을 주장했고 뉴턴은 만유인력의 법칙을 발견했다.

면 1224년 프란체스코는 알베르나산에서 수행하던 중, 예수가 겪은 고통을 겪게 해 달라고 기도했대. 이윽고 그의 몸에는 예수가 십자가에 못 박혔을 때 입은 것과 같은 상처가 나타났다고 해. 이러한 기적이 일어나는 동안 강렬한 빛이 알베르나산을 감싸고 있었지. 마을 사람들은 그 광경을 보고 프란체스코가 성인이 되었음을 알았어. 프란체스코는 죽기 전에 고향으로 돌아가려 했는데, 마을 사람들이 그를 한사코 가로막았어. 프란체스코가 세상을 뜨는 곳은 유명한 성지가 될 텐데, 그 기회를 놓칠 수 없었던 거야.

세속의 욕심에 눈멀었던 가톨릭

권력이 강해진 신성로마제국 황제들은 교황의 간섭에서 벗어나려 했어. 교황은 교황대로 종교의 영역에 황제들이 끼어드는 게 괘씸했지. 예전부터 군주들은 주교를 임명해 왔는데, 교황은 교회의 일에 군주들이 끼어들지 못하게 했어.

그러나 황제 하인리히 4세는 밀라노의 대주교 임명을 밀어붙였어. 화가 난 교황은 하인리히 4세를 파문해 버렸지. 파문은 신자의 자격을 박탈하는 극단적인 조치야. 하인리히 4세는 카노사로 찾아가 눈밭에서 맨발로 참회한 끝에 간신히 용서를 받았어. 카노사에서 황제가 굴욕적인 일을 겪었기에, 1075년에 일어난 이 사건을 '카노사의 굴욕'이라고 해.

교황과 신성로마제국 황제의 힘겨루기는 그 후로도 계속되었어. 1122년, 황제 하인리히 5세는 교황이 주교를 임명할 권한을 갖고 있음을 인정했어. 결국 교황이 황제를 이긴 거야. 12세기 말부터 13세기 초까지 교황 자리에 있었던 인노켄티우스 3세가 '교황은 해, 황제는 달'이라 말할 만큼 교황의 권력은 절정에 이르렀어.

권력과 재물은 사람들을 유혹하게 마련이야. 신성한 의무를 수행하는 성직자들도 예외는 아니었어. 로마 교회는 왕과 귀족들에게서 많은 땅과 돈을 받아 부유해졌어. 그리고 권력자들과 가까이 지내면서 성직을 사고팔고 성직자들이 결혼하는 등 교회는 본연의 자세를 잃고 타락의 길로 접어들었지.

이 그림에는 교황에게 파문당한 하인리히 4세가 다급한 마음으로 카노사 성주인 마틸다(오른쪽 위 여성)와 클뤼니 수도원장(왼쪽 위)을 찾아가서 도와 달라고 부탁하는 모습이 담겨 있어.

한편 비잔티움제국은 점점 커지는 이슬람 세력에 위기감을 느꼈어. 이슬람교를 믿는 튀르크족이 서아시아 일대를 지배하고 있었는데 금방이라도 콘스탄티노폴리스까지 쳐들어올 기세였거든. 비잔티움제국 황제는 급한 마음에 교황에게 지원군을 요청했어.

'꼿꼿하던 비잔티움제국이 굽히고 들어오다니!' 교황 우르바누스 2세는 절호의 기회를 잡았다고 생각했어. 비잔티움제국 황제를 무릎 꿇리고, 이슬람 세력도 정복하고, 예루살렘을 독차지할 수 있는 기회라 여겼던 거야.

예루살렘은 유대교·크리스트교·이슬람교의 성지인데, 당시 이슬람 세력권 안에 들어 있었어. 그러나 이슬람 세력은 영토를 차지하고 난 후 세금을 걷는 데에 만족했고, 종교를 바꾸도록 강요하지는 않았어. 예루살렘 순례도 허용했지.

그런데도 교황은 이슬람교를 싫어했어. 하느님이 약속한 땅 예루살렘에 이슬람 세력이 들어와 있는 게 영 못마땅했지. 1095년 프랑스 클레르몽에서 공의회*가 열렸어. 이 자리에서 교황 우르바누스 2세는 예루살렘을 되찾자며 전쟁을 선포했어.

이듬해 봄, 사람들은 옷에 십자가 표시를 달고 전쟁에 나섰지. 이렇게 십자가를 내걸고 싸웠기에 이 전쟁을 '십자군 전쟁'이라고 해. 사람들은 참전하면 신에게 구원받을 거라 믿었지만, 사실 순수한 신앙심만으로 전쟁터에

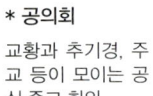

* 공의회
교황과 추기경, 주교 등이 모이는 공식 종교 회의.

나가지는 않았어. 가난한 농민, 재산이 별로 없는 귀족, 전쟁이 마냥 좋은 기사 들이 십자군에 포함되어 있었어. 이들은 도중에 유대인을 학살하고 재물을 약탈하는가 하면, 같은 크리스트교를 믿는 헝가리 마을까지 습격해 재물을 빼앗았어.

1099년에 십자군은 예루살렘을 되찾는 데 성공했는데, 그러느라 예루살렘은 피바다가 되었어. 십자군은 '신의 심판'을 부르짖으며 이슬람교도와 유대인을 잔인하게 죽였고, 재물을 약탈하는 데에 눈이 벌게져 있었지. 십자군은 1187년에 이슬람의 반격으로 예루살렘을 다시 빼앗겼어. 그러나 십자

군은 전리품을 하나라도 더 건지는 데에만 관심이 있었어. 성지 회복이라는 애초의 목표는 뒷전으로 물러난 지 오래였지.

십자군은 4차 전쟁 때 급기야 비잔티움제국까지 공격했어. 이슬람 세력과 싸우기 위해 나선 전쟁이었는데, 같은 편까지 죽이고 약탈하기에 이른 거야. 이때 약탈한 것 중에는 너도나도 탐내던 성유물*도 포함되어 있었어.

십자군 전쟁 중 서유럽으로 흘러들어 온 성유물은 매우 비싼 가격으로 팔렸어. 이러한 성유물 거래가 갈수록 심해지자, 공의회에서는 교황청의 승인을 받아야만 성유물로 인정한다고 선언했어.

예루살렘을 되찾겠다는 원래의 목적을 잃고, 권력 욕심과 경제적 이익에 눈이 멀었던 십자군 전쟁은 거의 200년이나 계속되다가 13세기 말에 가서야 끝났어. 예루살렘도 여전히 이슬람 세력의 지배를 받고 있었지. 별 성과 없이 십자군 전쟁이 끝나자 교황의 체면은 이만저만이 아니었어. 이후 로마 가톨릭은 쇠퇴의 길로 접어들었지.

* **성유물**
예수와 마리아, 성인들이 남긴 흔적으로 유골이나 생전에 갖고 있던 물품.

중세 유럽의 학문 발달에 영향을 끼친 이슬람

십자군이 칼을 겨눴던 상대, 이슬람 세력은 어떤 사람들이었을까? 이슬람은 신에게 복종한다는 뜻이야. 이슬람에서 믿는 신은 '알라'라고 하고, 신자들은 '무슬림'이라고 해. 이슬람교는 우리에게 익숙하진 않지만 사실 유대교·크리스트교와 뿌리가 같은 유일신교야. 다만 모세·예수 등을 인간 예언자에 불과하다고 여기는 점에서 대다수 서양인들의 생각과 큰 차이점이 있어.

서양에서는 이슬람을 적대했지만, 이슬람에서는 다른 문화에 대해 포용적인 입장이었어. 이슬람 세력은 8세기 무렵 이집트 북부의 아프리카부터 서아시아, 중앙아시아, 인도, 그리고 유럽의 에스파냐까지 영역을 넓혔어. 이집트·메소포타미아·인도 등 찬란한 문화가 펼쳐졌던 곳을 다 차지한 거야. 이슬람은 그때까지 인류가 이루었던 학문을 모아서 연구하고 더욱 발전시켰어.

그리고 무슬림들은 성지를 향해 절을 하고, 성지 순례를 하다 보니 성지가 어느 방향에 위치해 있는지를 아는 게 중요했어. 그 결과 천문학과 지리학이 발달했지. 금을 만들어 보려 애쓰던 연금술사들의 노력은 화학으로 발전했어. 알코올을 비롯한 화학 용어가 대부분 아랍어에서 유래한 건 이 때문이야.

이렇게 발달한 이슬람의 학문은 유럽으로 흘러들어 영향을 주었어. 특히 이슬람에서는 그리스 철학자 아리스토텔레스의 많은 책을 아랍어로 번역하고 해석을 달아 놓았는데, 이 책들이 십자군 전쟁 중에 유럽으로 들어왔어. 이후 유럽에서는 이 책들을 라틴어로 번역하여 연구하면서 철학 연구가 발달했어.

가톨릭에 대한 비판, 종교개혁으로 이어지다

교황의 권위가 떨어진 반면 각국의 왕은 세력이 커지고 있었어. 프랑스 왕 필리프 4세는 교회와 성직자에게 세금을 거두려다가 교황의 반대에 부딪혔는데, 삼부회*의 동의를 얻어 자기 뜻대로 할 수 있었어. 필리프 4세는 아예 고분고분한 프랑스 성직자를 교황에 임명했고, 1309년에는 줄곧 로마에 있던 교황청을 프랑스 남부에 있는 아비뇽 지역으로 옮겨 버렸어. '갇혔다'는 뜻의 유수(幽囚)라는 말을 붙여서 이 사건을 '아비뇽 유수'라고 해. 아비뇽 유수는 교황이 프랑스 왕의 손아귀에 들어갔음을 의미하는, 크나큰 사건이었어. 약 70년이 지나고 나서야 교황청은 로마로 돌아갔어. 하지만 로마와 아비뇽에 교황이 각각 존재하는 위기를 겪기도 했단다.

* 삼부회
프랑스의 초기 의회. 성직자, 귀족, 시민의 세 신분으로 구성되었다.

이러한 가운데 가톨릭을 비판하는 사람들이 나타났어. 영국에서는 위클리프가 나섰고, 오늘날의 체코에 있던 보헤미아에서는 후스가 나섰지. 그들은 교회보다 성서가 중요하다고 주장하여 사람들의 호응을 얻었어. 가톨릭교회에서는 얌전한 신자들을 뒤흔들어 놓은 이들을 가만둘 수 없었어. 가톨릭에 도전하면 어떻게 되는지를 보여 줘야 했지. 가톨릭교회는 위클리프를 교리에서 벗어난 '이단자'로 몰고, 후스는 불살라 죽였어.

그 후로도 가톨릭의 부패와 타락은 계속되었어. 교황 레오 10세는 성 베드로 성당을 다시 짓기 위해 면벌부를 대대적으로 팔도록 지시했어. 면벌부는 가톨릭에서 벌을 면제해 준다는 뜻으로 발급하던 증서야. 사람들은 갖가지 죄를 짓고 벌을 받을까 두려워하게 마련이지. 그런데 면벌부를 사면 벌을 안 받게 된다니, 사람들이 혹할 수밖에!

중세 유럽 사람들이 돈을 내고 면벌부를 사는 모습을 그린 그림이야. 가톨릭에서 돈벌이에 나선 이 일은 루터를 비롯한 많은 사람들의 비난을 샀어.

독일 비텐베르크 대학의 교수였던 마르틴 루터는 이러한 면벌부 판매를 두고 볼 수 없었어. 1517년에 그는 면벌부 판매를 비판하는 편지와 함께, 가톨릭교회의 잘못된 관행을 95개 조항으로 나눠 조목조목 비판하는 반박문을 써서 마인츠 대주교에게 보냈어. 마침 이때는 구텐베르크의 인쇄술이 보급되어 있었어. 라틴어로 쓴 루터의 반박문은 독일어로 번역된 뒤 인쇄되어 독일 곳곳에 뿌려지면서 엄청난 파문을 일으켰지. 루터는 이단자로 몰려 화형에 처할 위기에 처했고, 교황은 루터의 책들을 불태워 버렸어. 루터도 비텐베르크에서 교황이 내린 교서와 교회법에 관계된 책들을 불태우면서, 양측의 갈등은 극에 달했어.

이때 독일 작센 지역의 선제후인 프리드리히가 루터를 자신의 성에서 지내도록 해 주었어. 선제후는 황제의 선거권을 가진 제후들을 말해. 그들은 권력이 막강해서 교황이나 황제의 눈치를 보지 않았지. 루터는 선제후 프리드리히의 성에서 안전하게 지낼 수 있었어. 그곳에서 지내는 동안 루터는 성경을 독일어로 번역했어. 루터는 신자들이 교회의 말에 무조건 따르지 않으려면 성경을 읽을 수 있어야 한다고 생각했던 거야.

루터가 성경을 독일어로 번역한 일은 당시 유럽 사회에서 큰 의의가 있었어. 루터가 번역한 성경과, 루터의 사상을 적은 글은 인쇄되어 멀리멀리 퍼져 나갔어. 원래 중세 유럽에서는 공식적으로 라틴어를 사용했는데, 라틴어는 꽤 어려웠어. 라틴어를 읽고 쓸 줄 아는 사람은 거의 다 성직자였지. 그렇게 성직자들이 지식을 독점하던 시대에 가톨릭의 권위가 하늘을 찔렀던 거야. 그러나 12세기 후반쯤 대학이 세워지면서부터 글을 읽고 쓰는 사람들이 점차 늘어났어. 이제 독일어로 된 성경이 인쇄되어 팔리자, 독일어를 읽을 줄 아는 사람들은 루터의 말이 맞는지, 교회의 말이 맞는지 성경

종교개혁을 일으킨 마르틴 루터(왼쪽)와 그가 번역한 성경(오른쪽)이야. 이 성경은 독일 비텐베르크 루터하우스에 보관되어 있어.

에서 직접 확인할 수 있게 되었지.

　루터가 가톨릭에 정면으로 도전한 이 사건이 바로 '종교개혁'이야. 가톨릭에서 갈라져 나와 개신교를 믿는 사람들을 '개신교도'라고 해. 이들은 영어로는 '항의하는(protest) 사람'이라는 뜻에서 프로테스탄트(Protestant)라고 하지. 프로테스탄트는 독일 슈파이어에서 열린 제국의회에서 가톨릭에 유리한 결정을 내리자, 루터를 지지하는 사람들이 항의문을 제출한 데에서 유래한 말이야.

　루터가 죽고 난 후인 1555년 아우구스부르크 화의*에서는, 각 지역의 제후가 종교를 선택할 수 있다는 결정을 내렸어. 아직은 개개인이 자유롭게 종교를 선택할 수 없었지만, 이제 지역 단위로라도 가톨릭 외의 종교를 선택할 수 있게 된 거야.

　스위스에서는 장 칼뱅이 종교개혁을 이어 갔어. 칼뱅의 활동으로 개신교

* 화의
대립하는 두 편이 화해를 위해 의논하는 것, 또는 그러한 모임을 말한다.

의 큰 교파인 장로교가 시작되었어. 칼뱅은 제네바 아카데미를 세워 목사들을 양성했어. 그들이 유럽 각지로 파견되면서 프랑스의 위그노, 잉글랜드의 청교도 등 개신교의 여러 교파가 생겨났지.

    가톨릭과 개신교의 대립은 17세기 초에 '30년 전쟁'으로 치달았어. 1618년부터 30년간 벌어진 이 전쟁은 종교 대립으로 시작되었지만, 사실 유럽 국가들은 자기 영토를 조금이라도 더 넓히는 데에만 신경을 썼어. 프랑스만 해도 같은 가톨릭 국가인 에스파냐가 잘되는 꼴을 볼 수 없어서, 이 전쟁에서는 개신교 국가들을 도와주었지.

    30년 전쟁은 1648년에 베스트팔렌 조약이 체결되면서 막을 내렸어. 이 조약으로 칼뱅파가 인정을 받으면서 종교개혁은 마무리되었어. 가톨릭 중심으로 유럽이 하나로 묶여 있던 시대는 이렇게 끝나고, 유럽 국가들은 제각각 발전해 가게 돼.

3장
영웅이 된 해적, 프랜시스 드레이크

해적은 영화 〈캐리비안의 해적〉이나 만화 〈원피스〉에서처럼 매력적인 모습일 때가 많아. 사람들은 작품 속 위험천만한 상황에서 해적과 함께 마음 졸이고, 해적이 보물을 손에 넣길 기대하지.

하지만 현실 속의 해적은 바다의 평화를 해치는 악당이야. 2011년에는 우리나라 선원들이 소말리아 해적에게 납치되기도 했어. 선원들은 하마터면 목숨을 잃을 뻔했고, 가족은 물론 온 국민이 뉴스에 주목했지. 이처럼 오늘날 해적질은 불법이고, 심각한 문제로 인식되고 있어.

그런데 역사를 돌아보면 해적이 자유롭게 활동하고 국가도 은근히 해적을 밀어주던 때가 있었어. 15세기에 포르투갈과 에스파냐가 새로운 바닷길을 개척한 뒤 16세기부터 유럽 국가들은 경쟁적으로 바닷길을 통한 무역과 항해에 뛰어들었어. 이 시기에 바다에서는 해적이 들끓고 국가끼리의 싸움도 자주 일어났어. 다시 말해 국가가 정비한 해군, 자신의 목숨과 배에 실은 물건을 지키기 위해 스스로 무장한 민간인, 다른 배를 약탈하는 해적이 바다에 뒤섞여 있던 시기였지.

그러한 때에 활동한 영국의 프랜시스 드레이크는 해적이었지만, 에스파냐를 무찔러서 조국의 영웅으로 존경받았어. 그 시절의 바다로 함께 가 보자.

노예무역상 드레이크의 패배

에스파냐 사람들은 악명 높은 해적 드레이크를 '무시무시한 용'이라는 뜻의 '엘 드라케'라 불렀어. 갑자기 나타나 공포를 자아내는 모습이 꼭 용 같았거든. 그런 드레이크도 에스파냐에 참패를 당한 적이 있어. 그때 드레이크는 존 호킨스라는 사람과 함께 배를 타고 다니며 노예무역을 하고 있었어.

노예무역은 16세기에 에스파냐의 라틴아메리카 정복이 본격화된 후 많이 행해졌어. 에스파냐 사람들은 라틴아메리카의 문명을 짓밟은 뒤 자원을 빼앗아 가느라 바빴어. 광산에서는 금은을 캐냈고 넓은 땅에는 대규모 농장을 지었어. 기름진 땅과 무더운 기후는 사탕수수·커피·담배 등을 기르기에 제격이었지. 이런 작물은 유럽에서 기르기 힘들었고, 대량으로 생산해서 배로 실어 가기만 하면 큰돈을 벌 수 있었어.

이렇게 지어진 광산과 농장은 한시도 쉬지 않고 돌아갔어. 문제는 농장에서 일할 사람이 부족하다는 거였어. 이때 유럽 상인들이 생각해 낸 방법이 바로 노예무역이야.

노예 사냥꾼에게 붙잡혀 끌려가는 아프리카 원주민들.

노예는 고대사회에서부터 있었던 신분이야. 사람들은 노예를 물건처럼 사기도 하고 팔기도 했지. 19세기 미국에서 일어난 남북전쟁 때 링컨이 노예해방선언을 한 데에서 알 수 있듯이 노예는 인류 역사에서 오랫동안 존재했어. 유독 16세기 무렵의 노예무역이 문제되는 이유는 가장 대규모로, 가장 잔인하게 행해졌기 때문이야. 이때부터 19세기까지 천만 명이 넘는 노예들이 아프리카에서 아메리카로 끌려갔어. 지금도 아메리카에 흑인과 혼혈인이 많은 건 이 때문이지.

유럽 상인들은 아프리카 사람들에게 그 지역에서는 구하기 힘든 총·화약·직물 등을 가져다주었어. 아프리카 사람들은 그런 물건이 탐나서 사람들을 잡아다가 노예로 팔아넘겼지. 노예로 붙잡힌 사람들은 손이 묶였음은 물론 목에 굴레까지 씌워져 끌려갔어. 그러고는 짐짝처럼 배에 실렸어. 항해 중에는 비위생적인 환경과 폭력에 시달리다 죽는 노예들이 허다했어. 무사히 라틴아메리카에 도착하더라도, 그들을 기다리는 건 주인의 매질과 가혹한 노동뿐이었지.

한마디로 이 시기의 노예무역은 유럽이 돈 벌 욕심에 저지른 범죄였어. 용처럼 바다를 누비던 드레이크도 이런 노예무역을 하고 있었던 거야.

드레이크와 호킨스가 탄 배가 멕시코의 산 후안 데 울루아에 다다랐을 때였어. 그곳에는 굳건한 성벽이 둘러쳐진 가운데 200여 대의 대포가 배치되어 있었어. 가까이 있는 베라크루스항을 지키기 위해서였지. 베라크루스는 에스파냐 배가 와서 멕시코의 광산에서 캐낸 금은과 농장에서 기른 농작물을 실어가는 곳이었어. 이런 곳은 해적이 노리기 십상이라 에

베라크루스는 멕시코 최대의 무역항이야. 훔쳐 갈 게 그득하지!

56 영웅이 된 해적, 프랜시스 드레이크

스파냐는 곳곳에 튼튼한 요새를 짓고 철통같은 방어를 하고 있었지.

노예무역을 하러 갔던 호킨스와 드레이크는 에스파냐의 갑작스러운 공격에 무참히 패했고, 배에 실려 있던 노예와 재물을 죄다 빼앗겼어. 드레이크와 몇 안 되는 사람들은 간신히 작은 배를 타고 도망쳤지. 그러고 나서 호킨스도 남아 있던 작은 배를 타고 영국으로 돌아왔어.

용감한 바다 사나이로 자부하던 드레이크에게 이 사건은 수치스러운 기억으로 남았어. 그는 호킨스보다 먼저 도망친 겁쟁이가 되어 버렸고, 항해 전에 투자했던 돈도 고스란히 날리고 말았어.

그 후 드레이크는 에스파냐라면 치를 떨었어. 원래 그는 개신교를 믿는 사람이라 가톨릭을 고수하는 에스파냐를 싫어했어. 그의 조국인 영국도 종교가 다른 에스파냐와 부딪치고 있었고, 강대국으로 떠오른 에스파냐를 따라잡으려고 갖은 애를 쓰고 있었지. 에스파냐를 향한 적대감에서 드레이크와 영국은 이렇게 한마음이었어.

새로운 바닷길 개척에 나선 유럽

그런데 에스파냐는 어떻게 다른 유럽 국가들이 부러워할 만한 강대국으로 떠올랐을까? 에스파냐 왕인 카를 5세(재위 1519~1556년)는 신성로마제국 황제를 겸하면서 넓은 땅을 차지하고 프랑스를 위협했어. 그에 뒤이어 즉위한 펠리페 2세(재위 1556~1598년) 때 에스파냐의 번영은 절정에 이르렀어. 라틴아메리카에서 실어 오는 금은보화 덕분에 에스파냐는 화려한 시절을 누렸지.

사실 에스파냐는 유럽 서쪽 끝, 이베리아반도*에 위치한 나라로, 그전까지만 해도 별 볼 일 없는 나라였어. 그런데 에스파냐는 라틴아메리카를 거

* **이베리아반도**
에스파냐와 포르투갈이 자리하고 있으며, 지브롤터 해협을 사이에 두고 아프리카 대륙과 마주하고 있다.

에스파냐의 후원을 받고 서쪽으로 항해하여 아메리카 대륙에 이르렀던 크리스토퍼 콜럼버스야.

의 다 차지해 버렸어. 어찌 된 일인지, 15세기 후반으로 거슬러 올라가 볼까?

이 무렵 유럽은 새로운 바닷길을 개척하기 시작했어. 당시 탐험가로는 콜럼버스가 가장 유명하지만, 사실 그는 특별히 뛰어난 사람은 아니었어. 당시 유럽에는 지구가 둥글다는 사실이 알려져 있었고, 그 전보다 세계 지리에 대한 지식을 갖추었고 항해술도 발달해 있었지.

유럽 사람들은 바닷길을 통해 동방(동쪽)으로 가고 싶어 했어. 유럽을 기준으로 동쪽에는 서아시아·동아시아 등이 있지. 그들은 어째서 동방으로 가려 했을까? 유럽에는 일찍부터 동방에서 온 후추·계피 같은 향신료, 부드러운 비단, 근사한 도자기 등이 전해졌어. 동방과 유럽을 잇는 무역은 오랫동안 이슬람 상인들과 이탈리아 상인들이 도맡았지. 점차 유럽 사람들은 동방과 직접 교류하면 큰돈을 벌 수 있겠다고 생각하게 되었어. 마르코 폴로의 『동방견문록』도 동방에 대한 호기심을 돋우었지.

그런데 동방으로 가는 육지 길은 이슬람 세력이 세운 오스만제국이 가로막고 있었어. 바닷길 중 지중해에서는 주로 이탈리아 상인들이 무역을 독점하고 있었지. 뒤늦게 동방무역에 나서려면 새로운 바닷길을 찾아야 했어. 이때 콜럼버스를 비롯한 탐험가들이 새로운 바닷길을 개척하면서 항해의 역사에 큰 획을 긋게 돼. 이 시대를 '대항해시대'라고 해. 먼저 새로운 바닷길을 찾아 나선 나라는 에스파냐와 포르투갈이야. 두 나라는 유럽의 서쪽 끝에 있어 대서양으로 나아가기 좋은 위치거든.

포르투갈은 에스파냐보다 더 절박한 상황이었어. 다른 유럽 국가들보다 가난했고, 이베리아반도에서 에스파냐 세력을 누르고 영토를 넓힐 가능성도 거의 없었지. 포르투갈은 수도 없이 항해하고 아프리카 해안을 탐사한 끝에 가장 먼저 새로운 바닷길을 개척할 수 있었어.

이 시기에 새로운 바닷길 개척에 최초로 성공한 사람은 포르투갈의 항해가 바르톨로메우 디아스야. 그는 1488년에 아프리카의 남쪽 끝에 이르렀어. 포르투갈의 왕인 주앙 2세는 아프리카의 남쪽 끝까지 가던 길에 폭풍이 심했다는 보고를 디아스에게 듣고도 그곳에 '희망봉'이라는 이름을 붙였어. 주앙 2세는 순풍에 돛 달듯 앞으로의 항해가 희망적이길 바란 거야. 그의 소망대로 1498년 바스쿠 다 가마가 희망봉을 돌아 인도에 도착했어. 이때부터 포르투갈은 인도양 일대의 해상무역을 주도하고 아프리카 해안에서 금을 약탈하여 많은 이익을 얻었어.

콜럼버스, 라틴아메리카 침략의 문을 열어젖히다

포르투갈이 앞서 나가자 에스파냐는 다급해졌어. 콜럼버스는 항해 계획에 허점이 많았지만, 에스파냐는 그를 지원하기로 결정했어. 에스파냐는 포르투갈이 먼저 발견한 바닷길은 접근하지 않기로 약속했기 때문에 포르투갈과 다른 방향으로 가야만 했어. 서쪽으로 항해해서 인도까지 가겠다는 콜럼버스의 계획은 이러한 에스파냐의 상황과 맞아떨어졌지.

콜럼버스는 지구가 둥글기 때문에 서쪽으로 계속 배를 저어 가면 인도에 다다를 거라 믿었어. 그가 한 달 넘게 항해한 끝에 도착한 곳은 오늘날

의 바하마, 쿠바, 히스파니올라섬 일대였어. 콜럼버스는 그 일대를 인도라 착각하고 '서인도제도'라는 이름을 붙였어. 콜럼버스는 자신이 인도에 갔던 거라고 죽을 때까지 믿었어. 나중에서야 아메리고 베스푸치라는 항해 전문가가 그곳이 인도가 아니라는 사실을 밝혀냈지. 지금 우리가 알고 있는 아메리카라는 이름은 아메리고의 이름에서 유래한 거야.

인도였든, 아니었든 중요한 건 그 지역에 금은보화가 넘쳐난다는 점이었어. 에스파냐 사람들은 콜럼버스가 가져온 금에 눈이 휘둥그레졌어. 이후 에스파냐는 라틴아메리카 침략에 나섰지.

콜럼버스는 역사를 보는 눈에 따라 평가가 엇갈리는 사람이야. 어느 날 콜럼버스를 시기하던 사람이 이렇게 얘기했대. "서쪽으로 항해해서 섬에 도착하는 거야 누구나 할 수 있는 일 아닌가요?" 이 말을 듣고 콜럼버스는 사람들에게 달걀을 하나 주고는 세워 보라고 했어. 아무도 달걀을 못 세우자 콜럼버스는 달걀 한쪽을 깨뜨려 세우고 이렇게 말했다고 해. "남이 한 걸 따라 할 수는 있지만, 무언가를 처음 하는 건 아무나 할 수 없죠."

이 이야기 속 콜럼버스의 말처럼, 그의 아메리카 상륙은 누구도 흉내 내지 못할 대단한 일로 평가받아 왔어. 유럽과 미국 입장에서는 콜럼버스가 영웅임에 틀림없어. 그때부터 아메리카 대륙의 존재가 유럽에 널리 알려졌고, 아메리카에서 가져오는 자원으로 유럽의 생활이 풍요로워졌으니까. 더구나 아메리카에 국가를 세운 미국 사람들에게는 콜럼버스가 '건국의 할아버지'쯤 되는 위인이었어.

하지만 아메리카에는 아주 오래전부터 원주민들이 살고 있었어. 그들은 베링해가 얼어붙어 있던 시절 시베리아 벌판을 걸어 아메리카로 건너간 아시아 사람들이야. 아메리카 원주민들은 콜럼버스가 아메리카를 인도로 착각한 탓에, 졸지에 '인도 사람'이라는 뜻의 '인디언'이라 불리게 되었어. 또한 콜럼버스가 왔다 간 후 아메리카는 유럽의 침략으로 문명이 파괴되고 많은 원주민이 목숨을 잃었어. 이 때문에 지식인들과 라틴아메리카 국가들은 콜럼버스를 '침략과 학살에 앞장선 사람'이라고 비판한단다.

유럽 멋대로 지은 이름, 멋대로 그은 경계선

아메리카는 지리를 기준으로 북아메리카·중앙아메리카·남아메리카로 구분돼. 문화를 기준으로 해서는 앵글로아메리카와 라틴아메리카로 나눠. 앵글로와 라틴은 원주민들의 존재를 무시하고, 나중에 와서 정착한 유럽 사람들의 편의에 따라 붙인 이름이야. 캐나다와 미국이 있는 지역은 앵글로색슨족이 많이 살고 영어를 주로 사용해서 앵글로아메리카라는 이름이 붙었어. 그 아래, 멕시코부터 칠레까지 길게 이어진 지역은 에스파냐·포르투갈·프랑스 등 주로 라틴민족의 식민지가 되었기 때문에 라틴아메리카라 불리게 되었어.

라틴아메리카 중 브라질의 넓은 땅은 포르투갈이 차지했는데, 그 이유는 에스파냐와 포르투갈이 맺은 조약 때문이야. 대항해시대를 기운차게 열어젖힌 두 나라는 바다든, 육지든 조금이라도 더 차지하려고 옥신각신하다가 1479년 알카소바스 조약을 맺었어. 이 조약에 따라 에스파냐는 포르투갈이 먼저 발견한 바닷길에 접근할 수 없었지. 콜럼버스가 서쪽으로 갔던 이유도 사실 그 때문이었어. 그 후 두 나라는 다시 1494년 토르데시야스 조약을 맺어 대서양에 경계선을 그었어. 이 조약에 따라 브라질은 포르투갈의 식민지가 되었단다.

라틴아메리카를 거의 다 차지한 에스파냐

아메리카 대륙에는 원주민들의 고유한 문화가 발달해 있었어. 특히 멕시코에 있던 아스테카제국과 페루에 있던 잉카제국은 경제적으로 풍요로웠을 뿐 아니라 문화 수준도 높았어.

그러나 이 두 제국은 16세기에 에스파냐의 침략으로 무너졌어. 1521년 에르난 코르테스가 아스테카제국을 점령했고, 11년 후에는 프란시스코 피사로가 잉카제국을 무너뜨렸지.

에스파냐 군인들은 수백 명밖에 되지 않았어. 그 정도 병력으로 어떻게 아스테카제국과 잉카제국을 멸망시켰을까? 유럽의 총칼, 대포에 비하면 원주민들의 무기는 형편없는 수준이었어. 그리고 아메리카에서는 소나 말 같은 가축을 기르지 않았어. 원주민들은 군인들이 탄 말을 보고 괴물이라도 본 듯 기겁했지.

무엇보다도 치명적인 건 유럽에서 들어온 전염병이었어. 원주민들은 열에 들떠 헛소리를 하고 몸에 종기가 퍼진 가운데 하나둘 죽어 갔어. 반면에 에스파냐에서 온 사람들은 면역이 되어 있어서 끄떡없었지. 원주민들은 신이 자신들을 버린 거라 생각했어. 이렇게 무서운 전염병으로 원주민들의 상당수가 목숨을 잃게 돼.

거대한 두 제국이 무너진 뒤 에스파냐의 침략은 거침없었어. 하나둘 식민지로 만들던 에스파냐는 라틴아메리카를 거의 다 차지해 버렸지.

다만 에스파냐는 다른 유럽 국가들을 경계해야 했어. 그 무렵 유럽 국가들은 세력 다툼에 종교 갈등까지 겹쳐 거의 항상 전쟁을 벌였거든. 에스파냐는 16세기 유럽 최고의 강국으로 다른 국가들의 시기와 질투를 한 몸에 받았지. 영국·프랑스 등은 라틴아메리카의 땅을 빼앗으려고 호시탐탐

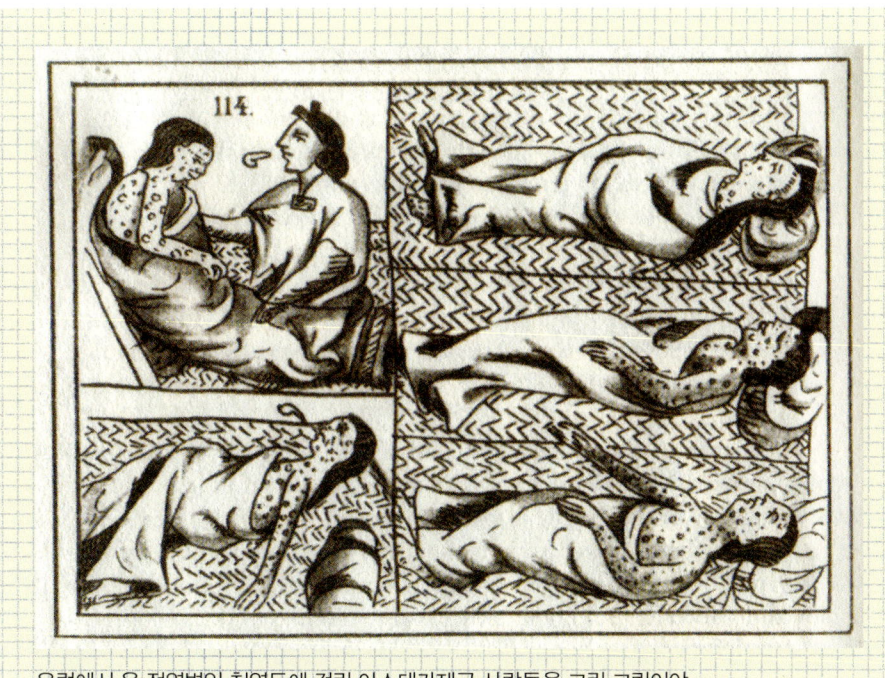

유럽에서 온 전염병인 천연두에 걸린 아스테카제국 사람들을 그린 그림이야.

노렸어.

　종교적으로도 에스파냐는 여러 유럽 국가들과 부딪쳤어. 에스파냐는 오랜 세월 이슬람 세력의 지배를 받았기 때문에 가톨릭에 대한 신앙심이 굳건해서 종교개혁의 바람에도 흔들리지 않았어. 그래서 가톨릭을 수호하겠다고 나서며 여러 개신교 국가와 대립했지.

　에스파냐에 당장 닥친 문제는 라틴아메리카에서 금은보화, 값나가는 농작물을 무사히 실어 가는 거였어. 프랑스·네덜란드·영국의 해적이 언제 덮칠지 몰랐거든. 해적의 공격에 대비해서 에스파냐 배들은 든든히 무장했어. 에스파냐 배들이 무적함대가 된 건 이 때문이야. '무적'이라는 말 그대로, 한동안은 어떤 나라도 에스파냐에 감히 맞서지 못했어. 그 무적이란 말을 부끄럽게 만든 사람이 바로 영국의 드레이크야.

해적 드레이크, 국가의 영웅이 되다

　드레이크가 활동하던 시절에는 국가가 해적이 저지르는 폭력을 통제하지 못했어. 오히려 국가가 해적의 도움을 받기까지 했단다. 바다에서 전쟁이 일어나면 국가가 조직한 해군뿐 아니라 민간인이 소유하고 스스로 전투 장비를 갖춘 배, 또는 해적선까지 적국을 상대로 싸웠어. 전쟁 중이 아니어도 해적이 적국의 배를 공격하면 국가의 입장에서도 통쾌한 일이었고, 재물을 빼앗아 오면 국가 경제에 도움이 되었어. 그래서 국가는 해적질을 눈감아 주었고, 은근히 부추기기까지 했어.

　대표적인 예가 영국의 엘리자베스 1세야. 1558년 엘리자베스 1세가 왕위에 올랐을 때 영국은 여러모로 위기에 처해 있었어. 헨리 8세가 만든 영국국교회는 아직 뿌리를 내리지 못하고 있었어. 엘리자베스 1세는 영국국교

해적 드레이크가 활동하던 시절 엘리자베스 1세의 초상화야. 창밖으로 에스파냐의 무적함대가 격퇴되는 모습이 보여. 엘리자베스 1세는 지구본 위에 한 손을 올려놓고 있는데, 이 모습은 마치 세계 전체를 차지하려는 야심을 품고 있는 듯해.

회를 원칙으로 하면서도 전통적인 가톨릭 의례를 어느 정도 남겨 두어 두 종교 간의 갈등을 누그러뜨렸어.

국가 재정도 충분치 않았어. 기세등등한 에스파냐에 비하면, 영국은 작은 섬나라에 불과했지. 엘리자베스 1세는 부족한 재정 문제를 해적을 이용해 해결했어. 엘리자베스 1세는 해적이 에스파냐 배를 약탈하면 크게 칭찬했다고 해. 그리고 국가의 배를 빌려주고 돈을 조금 투자했다가 해적이 돌아오면 약탈해 온 재물을 나눠 가졌대. 그러면서도 에스파냐가 해적질에 대해 항의하면 자신은 전혀 모르는 일이었다며 발뺌했지.

이 무렵 영국에서 단연 돋보인 해적은 드레이크야. 그는 에스파냐의 공격으로 혼쭐이 난 후, 노예무역은 접고 본격적인 약탈에 나섰어. 그는 서인도제도로 가서 에스파냐 배를 공격하여 금은보화를 빼앗아 오면서 점점 유명해졌어.

1577년에 드레이크는 배 다섯 척과 부하들을 이끌고 먼 길을 떠났어. 그는 탐험가 마젤란*이 갔던 길을 따라 말루쿠제도*로 갈 작정이었어. 향신료가 많이 나는 말루쿠제도에 가서 두둑이 돈을 벌어 올 생각이었지.

그는 라틴아메리카의 남쪽 끝, 마젤란해협까지 갔다가 북쪽으로 배를 몰았어. 그러고는 칠레에서 페루로 이어지는 해안을 따라 올라가면서 에스파냐 배를 약탈했지. 그 일대는 에스파냐 외에 다른 나라 배는 얼씬도 못 하는 곳이었어. 갑자기 나타난 드레이크의 공격에 에스파냐 배들은 제대로 대응도 못 하고 재물을 빼앗겼어. 1579년에 드레이크는 카카푸에고호를 털었는데, 그 배에는 페루에서 캐낸 은을 비롯한 보물이 잔뜩 실려 있었어. 드레이크는 나흘이나 걸려 그 배에 있던 재물을 자기 배로 옮겨 실은 후, 다시 항해를 떠났어.

* **마젤란**
포르투갈 출신의 항해가로 1519년 에스파냐 왕의 명을 받고 항해를 떠났다. 마젤란은 필리핀에서 원주민에게 살해되었지만, 그의 일행은 3년 만에 에스파냐로 돌아와 최초로 세계 일주에 성공했다.

* **말루쿠제도**
인도네시아 동부의 섬들.

　드레이크는 캘리포니아 북부까지 올라갔다가 태평양으로 배를 몰았어. 그러고는 말루쿠제도로 가서 향신료를 실은 후 아프리카 희망봉을 돌아 1580년 영국에 돌아왔어. 같이 출발했던 다섯 척의 배 중 네 척은 중간에 영국으로 돌아오거나 침몰했고, 한 척의 배만 지구를 한 바퀴 도는 데에 성공해. 이 배가 '황금 사슴'이란 뜻의 골든 하인드(Golden Hind)호야.

　드레이크는 마젤란 일행에 이어 두 번째, 영국인 중에서는 최초로 세계를 일주한 사람이 되었어. 영국 국민들은 드레이크에게 열렬한 환영의 박수를 보냈어. 드레이크는 약탈해 온 재물을 엘리자베스 1세에게 바치고 그 일부를 받았지. 에스파냐의 펠리페 2세는 노발대발하며 엘리자베스 1세에게 해적 드레이크를 처벌하라고 요구했지만, 엘리자베스 1세는 이 요구를 무시했어.

이듬해 봄, 드레이크는 골든 하인드호에서 성대한 잔치를 열었어. 엘리자베스 1세가 배에 오르자, 드레이크는 약탈해 온 재물 중 커다란 보석들이 박힌 왕관을 바쳤다고 해. 그 자리에서 엘리자베스 1세는 드레이크에게 기사 작위를 내리고, 드레이크를 흡족한 눈으로 바라보며 "우리의 황금 기사여!"라고 불렀대.

드레이크는 자신의 문장*에 "위대함은 작은 시작에서부터 이루어진다."라는 격언을 새겨 놓았어. 그 말처럼, 평범한 해적이었던 드레이크는 이후 영국 해군의 부제독이라는 영광스러운 자리까지 오르게 되었어.

* 문장
국가·단체·집안 등을 상징하는 마크.

영국의 정치 변화를 이끈 종교 갈등

헨리 8세의 첫 왕비 캐서린은 죽은 형의 아내이자 에스파냐 국왕의 딸이었어. 헨리 8세는 에스파냐와의 관계 유지를 위해 캐서린과 결혼했지. 그는 아들이 태어나길 바랐지만, 캐서린의 자식들은 모두 일찍 죽고 딸 메리(훗날 메리 1세)만 남았어.

영국국교회를 만든 헨리 8세
(재위 1509~1547년).

그러던 어느 날 헨리 8세는 캐서린의 시녀인 앤 불린과 사랑에 빠져. 헨리 8세는 교황에게 캐서린과의 이혼을 허락해 달라고 했지만 거절당하지. 그러자 헨리 8세는 '영국국교회'라는 새로운 종교를 만들었어. 이때부터 영국 교회는 로마 교황청에서 독립했고, 영국 왕이 교회의 우두머리가 되었어. 교회와 수도원이 갖고 있던 재산은 왕실의 재정이 되었지.

결국 헨리 8세는 원하던 결혼도 하고, 왕실

재정도 두둑이 챙길 수 있었어. 헨리 8세와 앤 사이에 태어난 딸이 바로 엘리자베스 1세야. 그런데 헨리 8세는 금세 앤과의 사랑에 싫증이 나서, 앤을 처형해 버렸어. 이처럼 변덕스러운 사랑의 주인공, 헨리 8세는 여섯 번이나 결혼하고 왕비 두 명을 처형시킨 사람으로 유명해.

이렇게 탄생한 영국국교회는 성공회라는 이름으로도 알려져 있어. 우리나라에도 성공회 성당들이 있지. 영국국교회는 개신교지만 가톨릭에 가까워. 다만 영국국교회의 신부들은 가톨릭과 달리 결혼할 수 있단다.

엘리자베스 1세가 다스리는 동안 종교 갈등은 잠잠했어. 하지만 엘리자베스 1세를 끝으로 튜더왕조의 대가 끊기고 스코틀랜드 출신의 왕들이 즉위하면서, 영국은 다시 종교 갈등이 격렬해졌어. 영국에는 칼뱅의 영향을 받은 청교도가 늘어나 있었어. 이들이 1649년 청교도혁명을 일으켜 찰스 1세를 처형했어. 이후 영국은 입헌군주제 국가로 나아갔지.

드레이크, 에스파냐의 무적함대를 격퇴하다

영국과 에스파냐의 관계는 갈수록 악화되었어. 엘리자베스 1세가 에스파냐 펠리페 2세의 청혼을 거절한 것도 하나의 이유가 되었지. 엘리자베스 1세는 어머니의 불행한 사랑 때문인지 죽을 때까지 결혼하지 않았는데, 청혼한 여러 남자 중에 펠리페 2세도 있었어. 펠리페 2세는 엘리자베스 1세와 결혼하여 영국을 가톨릭 국가로 만들고 자기 세력권 안에 넣고 싶어 했어. 엘리자베스 1세는 청혼한 다른 남자들에게 그랬듯이, 결혼할 생각도 없으면서 확실한 대답을 하지 않으면서 시간을 끌었어. 그러면서 해적들을 부추겨 에스파냐 배를 공격하는 한편, 에스파냐로부터 독립하려는 네덜란드를 도와주었어.

　네덜란드는 개신교 국가로 에스파냐의 종교 탄압에 저항하여 1568년 독립 전쟁을 일으켰어. 그 전쟁은 80년간이나 이어졌단다. 영국 입장에서는 가까운 거리에 있는 네덜란드가 에스파냐에 속해 있는 것보다 독립하는 것이 유리했어. 에스파냐가 네덜란드에 무적함대를 파견하자, 엘리자베스 1세는 네덜란드에 지원군을 파병했어.

　영국이 계속 심기를 건드리자 펠리페 2세는 가만있을 수 없었어. 펠리페 2세는 네덜란드보다 영국을 먼저 혼내 주기로 하고 대대적인 전쟁 준비에 착수했지. 그런 낌새를 알아챈 엘리자베스 1세는 1587년 드레이크를 시켜 에스파냐의 카디스항을 공격해. 드레이크는 에스파냐의 대형 선박들을 불태우고 돌아왔어.

　1588년, 드디어 무적함대가 영국을 공격하러 나섰어. 이제 에스파냐와 영국의 운명을 건 승부를 피할 수 없게 되었지.

　엘리자베스 1세는 에스파냐와의 전면전을 두려워하면서도 내심 믿는 구석이 있었어. 영국은 헨리 8세 때부터 해군의 힘을 기르고 있었거든. 영국의 지리적 위치는 포르투갈과 에스파냐가 새로운 바닷길을 개척하면서부터 유리해졌어. 사방이 바다로 둘러싸인 섬인 데다가 대서양으로 나아가기 좋은 위치였지. 이러한 시대 변화를 받아들여 영국 왕들은 해군을 강화하고 성능 좋은 대포를 개발해 왔어. 드레이크 같은 해적들도 배를 날렵하면서 공격하기 좋게 개조해서 사용하고 있었지.

＊제독
해군 함대의 최고 지휘관으로, 해전을 이끄는 사람.

　엘리자베스 1세는 찰스 하워드를 제독＊에 임명했어. 드레이크는 부제독으로서 하워드와 함께 해군을 지휘하게 되었지. 그런데 당시 영국의 귀족들은 드레이크를 하찮게 여겼어. 드레이크가 기사의 작위를 받았더라도 원래 출신이 보잘것없다는 이유에서였지. 한편 드레이크는 전투 경험이 부족한 제독 하워드를 우습게 여겼어. 자칫 제독과 부제독이 충돌할 여지가 많았지만, 다행히 하워드 제독은 드레이크의 실력을 인정해 주었어.

두 사람의 의견이 일치된 덕분에 영국 해군은 흐트러짐 없이 무적함대에 맞설 수 있었어. 게다가 영국 해군은 자기 나라 근처 바다 곳곳의 지리와 바람의 방향, 날씨 변화에도 익숙했지.

반면 멀리 떠나온 무적함대는 영국 근처 바다가 낯설었고, 기동성 면에서 영국 배만 못했어. 무적함대는 많은 물건을 실을 수 있도록 튼튼하게 지어졌기 때문에 몸체가 육중해서 빨리 움직일 수가 없었거든. 대포의 성능도 떨어졌어. 무적함대는 대포로 위협한 다음, 쇠갈고리로 적선을 끌어당

> 야밤을 틈타 공격할 줄은 몰랐을 거다!

겨 맞붙어 싸우는 전략을 주로 썼어. 대포가 멀리 발사도 안 되고, 빨리 작동되지도 않았기 때문이야.

이와 달리 영국의 대포는 멀리서도 무적함대를 정확히 맞출 만큼 성능이 좋았어. 그래서 맞붙어 싸우기보다는 거리를 두고 대포를 발사하는 전략을 썼지.

에스파냐와의 전투를 승리로 이끈 결정타는 드레이크의 기발한 전략이었어. 깊은 밤, 무적함대는 서로 연결된 채 초승달 대형을 이루고 있었어. 드레이크는 불붙은 배들을 무적함대 쪽으로 띄워 보냈어. 불붙은 배들이 갑자기 다가오자 무적함대는 혼란에 빠졌고, 초승달 대열이 흐트러졌지. 드레이크는 이 틈을 놓치지 않고 공격을 퍼부었어. 이렇게 무적함대를 격파한 영국은 이후 새로운 강국으로 떠올랐어. 영국의 식민지는 날로 늘어났고 영국인들의 자부심은 하늘을 찔렀어.

작은 섬나라 영국이 에스파냐를 무찌른 이야기는 통쾌하고, 해적 드레이크의 활약도 흥미로워. 그런데 이 시기의 역사에서 유럽 국가들 간의 승부에만 초점을 두면 중요한 사실을 놓치게 돼. 같은 시기에 다른 대륙에서는 유럽 군대에 짓밟혀 수많은 사람이 죽고, 자원을 빼앗기는 등 희생을 치렀단다. 한때 해적 드레이크도 했던 노예무역이 대표적인 예지.

해적들이 에스파냐 배를 약탈한 건 나쁜 일이었을까? 생각해 보면, 에스파냐 역시 라틴아메리카를 무력으로 굴

> 도둑질한 걸 훔치는데 뭔 상관이람.

복시키고 재물을 빼앗았으니 도둑질을 한 셈이야. 해적들은 그 도둑에게서 다시 재물을 빼앗은 것이지. 당시 유럽은 다른 대륙을 상대로 도둑질한 공범이라 할 수 있어. 이후 유럽은 세력을 뻗어 나가서 다른 대륙의 국가들을 식민지로 삼았어.

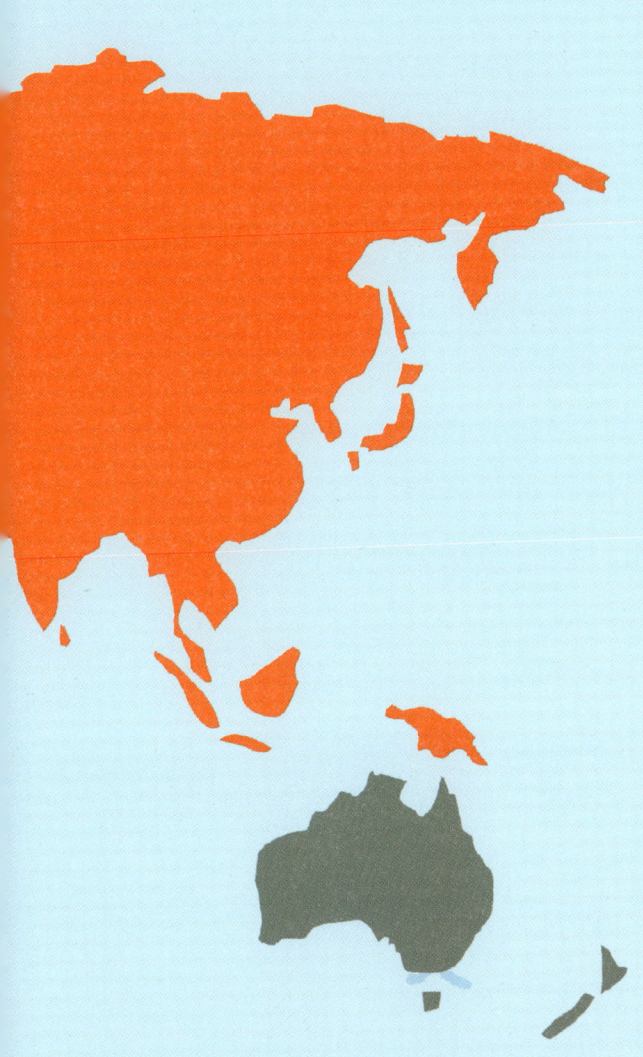

4장

혁명에 뛰어든 의적, 판초 비야

도둑 중에 정의로운 사람들을 '의적'이라고 해. 의적 하면 로빈 후드나 임꺽정을 떠올리는 사람들이 많아. 전해지는 이야기에 따르면, 로빈 후드는 중세 영국의 숲속에 살면서 귀족이나 부패한 성직자의 재물을 훔쳐 가난한 사람들에게 나눠 주었다고 해. 조선 시대의 임꺽정도 관청이나 부잣집의 창고를 털어 백성에게 곡식을 나눠 주었어. 이처럼 의적은 정의롭지 못한 사회에서 의로운 일에 앞장선 사람들이었어.

멕시코에도 판초 비야라는 유명한 의적이 있었어. 비야는 농촌에서 가난하게 살다가 산적이 되었어. 스무 살이 넘도록 글을 깨치지 못했지만 그는 농민들이 당하는 부당한 현실에 대해서는 일찍 눈떴지. 그는 멕시코혁명에 뛰어들어 북부의 혁명군을 이끌었단다.

멕시코는 16세기부터 에스파냐의 식민지였다가 19세기에 독립했어. 약 300년 동안이나 백인들의 지배를 받다가 독립했지만, 독립 후에도 멕시코에는 많은 문제가 쌓여 있었어. 가장 큰 문제는 백인들이 여전히 특권을 누리고, 멕시코 농민들은 토지를 갖지 못하는 현실이었어. 독재 정부는 이러한 문제점을 외면한 채 경제 발전에만 힘썼지. 더는 참을 수 없던 멕시코 사람들은 들고일어났고, 1910년 멕시코혁명이 일어났어.

이때 활약했던 비야는 농민들의 희망이었어. 산적이었던 비야는 어떻게 혁명에서 주도적인 역할을 하게 되었을까? 에스파냐 식민지에서 독립국으로, 다시 혁명으로 뜨거운 역사가 펼쳐진 멕시코로 함께 가 보자.

가난한 사람들에게 희망을 준 의적 판초 비야

판초 비야의 본래 이름은 도로테오 아랑고야. 그는 1878년 멕시코 북부에서 농장 노동자의 아들로 태어났어. 아버지가 일찍 세상을 뜨자, 아랑고는 장남으로서의 책임감에 어깨가 무거웠어. 그는 바삐 일하며 어머니와 동생들을 돌보았어.

아랑고뿐 아니라 멕시코 농민들은 대부분 대농장에서 일했어. 대농장주는 으리으리한 저택에 살면서 농민들에게 일을 시켰어. 농민을 감시하는 마름은 말을 타고 다니다가, 게으름 피우는 농민이 있으면 채찍을 휘두르거나 권총을 쐈어. 반항하는 농민이 있으면 대농장 안의 감옥에 가두기도 했지.

농민들은 허리가 휘도록 일하고도 돈을 얼마 받지 못했어. 그래서 먹을거리, 농기계 등을 사려면 대농장주에게 돈을 빌려야만 했지. 하지만 턱없이 적은 수입으로 빚을 갚는 건 불가능했고, 농민들은 대농장에 붙잡혀 죽을 때까지 일만 했어.

그런데 아랑고가 열여섯 살 때 농장을 떠나야만 하는 사건이 일어나. 아랑고의 회고에 따르면, 어느 날 대농장주가 아랑고의 여동생을 위협하여 강제로 성관계를 맺으려 했대. 이를 목격한 아랑고는 대농장주에게 총을 쏘고 산으로 도망쳤어.

그는 경찰에 쫓기며 산속을 전전하다가 산적이 된 거야. 이때 그는 대부분의 산적처럼 수염을 기르고 이름도 바꿨어. 그의 새로운 이름은 프란시스코 비야였는데, 흔히 판초 비야라는 애칭으로 불렸어.

당시 멕시코에는 산적이 많았어. 산적은 부자들의 저택이나 대농장으로 쳐들어가 재물을 빼앗은 뒤 가난한 사람들에게 나눠 주었어. 부자들은 산적의 총에 쓰러졌고 재물도 빼앗겼어. 부자들에게 산적은 더없이 잔인하고

멕시코혁명에서 활약한 판초 비야(1878~1923). ⓒ연합뉴스

못된 사람들이었지. 그러나 산적은 가난한 사람들에게는 환영을 받았어. 산적에게 재물을 나눠 받은 사람들은 고마움에 눈물지었어. 이렇게 산적은 부자를 혼내 주고 빈민의 설움을 알아주었기에 의적으로 떠올랐어.

그 시절 판초 비야는 자신이 의로운 일을 한다고 생각했을까? 훗날 판초 비야는 자신은 그저 살려고 몸부림쳤을 뿐, 잔인한 사람도 영웅도 아니었다고 말했어. 의적이 된 다른 산적도 마찬가지였을 거야.

당시 많은 사람이 가난에 허덕이고, 가난을 이기지 못해 산적으로 나서기까지 했던 건 당시 정부가 정치를 잘못한 탓이었어. 정부가 특권층을 위한 정책만 펴고, 가난한 사람들에게는 신경 쓰지 않았거든.

독립 전부터 쌓여 온 멕시코의 문제들

1910년 사람들의 불만이 한꺼번에 솟구쳐 나오면서 멕시코혁명이 일어났어. 이때 판초 비야도 혁명에 참여하게 돼. 혁명은 기존 체제를 무너뜨리고 새로운 사회를 만드는 일이야. 멕시코혁명은 어떻게 일어났을까?

멕시코혁명의 씨앗은 100년 전에 이미 뿌려졌다고 할 수 있어. 멕시코는 넓은 영토에 인구도 많고 경제적 이익도 커서 에스파냐가 중시하는 식민지였어. 하지만 소수의 백인이 나머지 사람들을 다스리면서 멕시코에는 억압받는 사람들의 불만이 쌓여 갔어. 그럴수록 에스파냐는 멕시코 사람들을 철저히 감시하고 통제했지.

1810년 9월 16일(훗날 멕시코 독립 기념일), 미겔 이달고 신부가 자기 교구의 신자들을 이끌고 독립운동에 나섰어. 이달고 신부는 프랑스 사상가 장자크 루소의 책을 읽고 개혁 사상에 눈떴어. 그는 에스파냐의 지배자들을 몰아내야 함은 물론, 교회가 가난한 사람들을 도와야 하며, 노예제도를 폐

지해야 한다고 주장했어. 독립군은 삽시간에 불어났지만 전쟁 경험도 없고 무기도 제대로 갖고 있지 않았기에 결국 에스파냐군에 진압되었어. 이달고 신부도 처형당했지.

이달고 신부와 독립군의 희생은 10여 년 후인 1821년, 멕시코 독립으로 결실을 맺었어. 그러나 독립의 주역은 크리오요였어. 크리오요는 식민지에 와 있던 백인들 사이에서 태어난 사람들을 뜻하는 말이야. 그들은 원주민과 메스티소*, 흑인을 지배하며 특권을 누렸지만, 본국에서 태어난 백인보다는 차별을 받았어. 이에 불만을 품은 크리오요는 독립을 요구했고 끝내 목적을 이루었지. 이후 크리오요를 비롯한 특권층 중심의 체제가 이어졌어.

* 메스티소
백인과 라틴아메리카 원주민 사이에 태어난 혼혈인.

독립 후 50여 년간은 지배자가 자꾸 바뀌어 정치가 혼란스러웠어. 표면적으로나마 정치가 안정된 건 포르피리오 디아스가 쿠데타*를 일으켜 1877년 대통령이 되면서부터야. 권력을 잡은 디아스는 대통령직에 계속 재임될 수 있도록 헌법을 고쳤어. 덕분에 그는 30년이 넘도록 멕시코를 다스리면서, 자신이 정치적 안정을 이루었다고 자부했어. 그러나 이 시기에 정치가 안정된 것은 독재자 디아스가 자신에게 저항하는 사람들을 강압적으로 누르고 통치를 이어 갔기 때문이야.

* 쿠데타
무력을 동원해서 정치권력을 빼앗는 일.

디아스는 경제를 성장시켰다는 점에서 좋은 평가를 받고 있어. 디아스는 외국 자본을 들여와 근대화에 힘썼어. 우선 철도망을 넓혀 상품이 쉽게 운송되게 하고 국내 시장을 넓혔어. 다양한 상품을 생산해 수출했고, 유전을 개발하여 석유를 퍼냈지. 이러한 정책에 힘입어 멕시코 경제는 놀랄 만큼 성장했어.

문제는 미국·영국·프랑스·독일 등 외국의 자본을 끌어들인 데에 있었어. 강대국들은 멕시코를 위해 투자한 게 아니었어. 투자한 것 이상으로 수익을 가져가는 데에 목적이 있었지. 강대국들의 투자가 끊기면 멕시코 경제는 다시 살아날 가망이 없었어. 멕시코는 점점 더 외국 자본에 의존하게 되었고, 정치를 하면서도 외국의 눈치를 보게 되었어.

당시 정부의 관료들은 모두 유럽에서 공부하고 온 사람들이었어. 그들은 피부색에 따라 지적 수준이 다르다고 생각했어. 관료들은 멕시코 사람의 대다수를 차지하는 메스티소와 원주민이 무식하기 때문에 아직 민주주의를 도입할 수 없다고 주장했어. 이렇게 백인의 지배가 정당화되었고, 그러한 체제를 유지하는 디아스의 독재도 당연한 것으로 받아들여졌어.

디아스는 '농촌 근대화'를 내세우며 토지 조사 사업을 실시했어. 농민들은 조상 대대로 농사짓는 땅이 있었지만, 토지 소유자의 이름이 적힌 문서는 갖고 있지 않았어. 새삼 토지 소유를 증명해야 한다는 게 낯설었고, 결정적으로 글을 읽고 쓸 줄 몰라서 토지 조사에 참여할 수도 없었지. 그 결과 전체 토지의 97퍼센트가 대농장주의 것이 되었고, 농민들은 토지를 잃고 대농장에서 노동자로 일하게 되었어.

농촌 근대화와 경제 성장은 디아스 정부의 업적으로 평가돼. 하지만 국민 대다수의 삶은 고통스러웠어. 당시 평균 수명이 30.1세였을 만큼 멕시코에는 빈곤, 비위생적인 환경 등으로 고생하다가 젊어서 죽는 사람이 허다했어. 아기들이 태어나도 30퍼센트는 1년도 안 되어 죽었단다.

멕시코 사람들, 드디어 떨쳐 일어나다

1910년, 대통령 선거를 앞두고 정부에 대한 비판 여론이 커졌어. 디아스는 80세가 되었는데도 권력욕을 버리지 않았지만, 많은 사람들은 디아스 대통령이 다시 선출되어서는 안 된다고 생각했어. 그 중심에 프란시스코 마데로가 있었어.

　부잣집의 맏아들인 프란시스코 마데로는 상류층에 걸맞은 교양과 대농장 관리에 필요한 지식을 갖추기 위해 미국과 프랑스에서 유학까지 했어. 사회적 지위로 보나, 재산으로 보나 마데로가 혁명에 뛰어들 이유는 없었지. 그러나 귀국 후 멕시코의 참담한 현실을 목격한 마데로는 민주주의가 옳다고 굳게 믿게 된 거야.

　처음에 마데로는 대통령 선거가 공정하게 실시되고 독재자 디아스가 물러나기만 하면 모든 문제가 해결될 거라 생각했어. 그는 여기저기서 연설하면서 사람들에게 독재 정치의 문제점을 알렸고, 그의 명성은 점점 높아졌어. 위기감을 느낀 디아스는 마데로를 포함한 반대 세력 6만여 명을 잡아 가둔 뒤 다시 대통령에 선출되었어.

　정부의 탄압을 겪은 마데로는 정권 교체만으로는 문제가 해결될 수 없음을 깨달았어. 그는 감옥에서 풀려 나온 후 혁명 선언문을 발표했어. 선언문에서 그는 디아스의 독재를 더는 참을 수 없으며, 자유와 정의를 위해 희생을 치를 때가 왔다고 주장했어. 그리고 국민들에게 11월 20일 오후 6시에 일제히 봉기할 것을 촉구했어.

　마데로가 정한 때에 맞춰 전국 각지에서 사람들이 들고일어나면서 드디어 혁명이 일어났어. 혁명에 참여한 사람들은 대개 농업 노동자였고 그 외에 가게 점원, 광산 노동자, 카우보이, 대학생 들이 있었어. 이들은 각자 다르게 살아 왔고 혁명에 참여한 동기도 달랐지만, 독재 정부를 무너뜨려야 한다는 데에는 뜻을 같이했어.

　판초 비야는 멕시코 북부의 치와와에서 활약했어. 혁명 전, 치와와의 유지*는 비야에게 '억압받는 사람들을 위해' 혁명에 함께하자고 권했어. 그

* 유지
지방에서 영향력 있는 사람.

말에 비야는 가슴속에 눌러 뒀던 분노가 북받쳐 올랐고, 죽을힘을 다해 싸우기로 결심했어.

   치와와는 험난한 산악 지대였지만, 산적으로 활동했던 비야는 누구보다도 그 지역의 지리를 훤히 꿰고 있었어. 비야는 동지들을 모은 후, 적을 기습하는 게릴라전을 벌여 전투마다 승리해. 그는 패기가 넘치고 지도력도 뛰어났어. 그를 따르는 무리는 급속도로 불어났지.

   혁명을 이끈 마데로는 이상에 불탔을 뿐, 혁명군을 조직적으로 편성하지는 못하고 있었어. 그런 마데로에게 자신만만한 비야는 큰 힘이 되었지. 마데로는 비야를 혁명군의 지휘관 중 하나로 삼았어.

혁명군은 주요 도시들을 함락하며 정부를 혼란에 빠뜨렸어. 혁명군은 기세를 몰아 1911년에 후아레스시를 점령한 후, 디아스의 퇴진을 강력히 요구했어. 디아스는 국민의 뜻에 따라 물러난다고 발표한 후 유럽으로 망명을 떠났어. 마침내 혁명군은 디아스의 독재 정부를 무너뜨렸고, 혁명을 이끌었던 마데로는 대통령 자리에 올랐어.

근본적인 개혁을 위한 혁명의 소용돌이

혁명을 통해 새로운 대통령이 탄생한 만큼, 멕시코 국민들은 새로운 사회가 세워지기를 간절히 바랐어. 마데로의 측근 중 한 명은 대통령이 앞으로 할 일을 의사가 하는 수술에 빗대어 이렇게 직언했어. "수술을 시작했으면 병의 근원을 도려내야 합니다. 그러지 않으면 역사가 용서치 않을 것입니다."

부유하게 살아온 마데로는 국민들의 비참한 생활이 구체적으로 와 닿지 않았어. 지배층은 독재 정부를 무너뜨리는 혁명에는 동참했지만, 가난한 사람들에게 권력과 토지를 나눠 주는 데에는 반대했어. 마데로는 기득권을 지키려는 지배층과 어느 정도 타협하면서 개혁을 미적거렸지.

마데로의 이런 태도를 누구보다도 못 참았던 사람이 있어. 멕시코 남부의 혁명군을 이끈 에밀리아노 사파타야. 사파타는 판초 비야처럼 어릴 적부터 고생하며 살아서 농민의 고충을 속속들이 알고 있었거든. 더구나 사파타의 고향은 사탕수수가 많이 생산되는 곳으로 대

농장주들의 횡포가 무척 심했어. 사파타는 마데로 대통령을 만난 자리에서, 대농장주들이 빼앗은 토지를 농민에게 즉시 돌려줄 것을 요구했어.

하지만 마데로는 토지 개혁을 위한 법을 만들어야 한다며 시간을 끌었어. 또한 마데로는 사회를 안정시키기 위해 혁명군을 해산하려 했지. 마데로에게 크게 실망한 사파타는 정부에 대한 기대를 아예 접고 자기 고향에서 자체적으로 토지개혁을 실시했어.

정부에 불만을 품은 사람들은 갈수록 늘어났고, 마데로는 반란을 진압하느라 바빴어. 이렇게 어수선한 틈을 타서 빅토리아노 우에르타가 쿠데타를 일으켰어. 우에르타는 독재자 디아스와 가깝게 지냈던 사람이야.

마데로는 대통령직에서 쫓겨난 뒤 처형되었어. 그러나 멕시코 국민들은 정부의 개혁이 더딘 데에는 불만이 있었지만, 마데로 개인의 사람됨에 대해서는 여전히 좋은 생각을 갖고 있었어. 마데로의 죽음으로 멕시코는 슬픔과 분노에 휩싸였어. 마데로와 함께 혁명을 일으켰던 사람들은 다시 봉기했지. 마데로는 한때 그들의 혁명 동지였고, 멕시코를 혁명 이전으로 돌려놓을 수는 없었기 때문이야. 멕시코는 다시 혁명의 소용돌이 속으로 빨려 들어갔어.

판초 비야, 다시 혁명에 뛰어들다

이 무렵 판초 비야는 미국에 망명 가 있었어. 그는 마데로가 처형됐다는 소식을 듣고 깜짝 놀랐어. 더구나 쿠데타를 일으킨 사람이 우에르타라니! 비야는 마데로를 좋아한 반면, 우에르타를 몹시 싫어했거든.

잠시 비야와 우에르타가 처음 만나던 때로 거슬러 올라가 볼까? 혁명 후 비야는 정규군에 들어가 우에르타 밑에서 장군으로 일한 적이 있었어. 독재자 디아스의 편이었던 우에르타는 혁명군을 싫어했지만, 새로운 대통령 마데로의 명령에 따라 혁명군을 받아들였어. 그는 사람들이 비야를 영웅으로 치켜세우는 게 영 못마땅했어. 우에르타의 눈에 비야는 게릴라전밖에 잘하는 게 없는 무식한 사람이었거든.

비야는 우에르타의 따가운 눈총을 받으면서도 정규군 훈련을 철저히 받았어. 그는 정규군에 소속되어 있는 동안 전투 대형, 전술 등을 익혔고 새로운 친구들도 만났어.

그러던 어느 날, 우에르타는 부하들에게 비야를 총살하라고 명해. 비야 부대의 병사가 말을 훔쳤다는 이유에서였지. 그러나 마데로 대통령은 총살을 막고, 비야에게 군사재판을 거쳐 징역을 살게 했어. 산적으로, 혁명군으로 활약했던 비야에게 감옥 생활은 견디기 힘들었을 거야. 하지만 그는 글자를 한 자씩 익히며 답답한 감옥 생활을 이겨 냈어. 그는 재미있는 소설도 읽고 타자기를 사용하는 법도 익혔어.

비야는 감옥에서 사파타와 친한 사람을 만나기도 했어. 그는 비야에게 사파타가 토지개혁을 주장하다가 마데로 대통령에게서 등을 돌린 이야기를 들려주었지. 비야는 농민을 위한 토지개혁에 깊이 공감했지만 사파타가 마데로에 맞선다는 소식에는 고개를 갸우뚱했어. 비야는 단순해서 마데로를 그저 마음씨 좋은 사람으로만 생각했거든.

그 후 비야는 감옥에서 탈출해서 미국으로 망명했다가, 조국이 위태롭다는 소식에 짐을 꾸렸어. 비야는 처형된 마데로에 대한 복수를 하겠다고 결심했지.

그는 동지들과 함께 군자금, 무기 등을 준비해서 멕시코로 돌아왔어. 비야가 북부에서 전쟁을 시작하자 사람들은 뜨거운 환호를 보냈어. 혁명군

에 입대하는 사람도 점점 늘어나 비야는 반년 만에 1만 명의 병사를 이끌게 되었어.

우에르타는 비야를 얕보았지만, 비야는 예전의 무식한 산적이 아니었어. 비야는 대포를 먼저 쏜 후 수많은 기마병이 한꺼번에 덮치는 작전을 펴기도 했고, 마음을 움직이는 선전전을 통해 적군의 사기를 떨어뜨리는 데에도 능했어.

반면 우에르타는 자신에게 반대하는 여론이 커질수록 독재를 강화했어. 혁명으로 디아스의 독재를 끝장낸 지 불과 몇 년 만에 다시 시작된, 더 심해진 독재였지. 멕시코 국민들은 절망감에 한숨지으며 혁명군을 응원했어.

비야는 정부군과 싸우거나 부자들을 대할 때는 더없이 무서웠지만, 국민들에게는 따뜻한 손길을 건넸어. 환자를 만나면 의무 부대로 데려가 치료해 주었고, 정부의 지방 창고나 부잣집을 털어 국민들에게 식량을 나눠 주었어.

치와와에서 비야는 군사정부를 세웠어. 항상 우물쭈물했던 마데로와 달리, 비야는 결단력이 있었어. 그는 여러 참모에게 무슨 의견이든 내놓게 한 뒤, 자신이 그 자리에서 최종 결정해서 바로 실행에 옮겼어. 기존에 있던 경찰은 무장해제를 시켜서 망명을 떠나게 하거나 비야 부대에 들어오게 하고, 비야 부대에서 경찰 병력을 뽑아 사회질서를 유지하게 했어. 물가가 갑자기 오르지 못하도록 빵과 고기의 가격을 통제하기도 했지. 비야는 늦게 글을 깨친 게 한이었기 때문에 학교를 짓는 데에도 적극적이었어.

비야는 토지개혁도 실시했어. 그는 자국민과 외국인을 가리지 않고 대농장의 토지를 몰수해서 사람들에게 나눠 주었어. 비야는 멕시코를 식민 지배했던 에스파냐가 모든 문제의 근원이라 믿었어. 그래서 에스파냐 사람들의 토지를 빼앗고 추방했지. 영국인 한 명은 비야의 이러한 정책에 저항하다가 총살되기도 했어.

개혁의 방향을 놓고 둘로 나뉜 혁명군

이 무렵 멕시코혁명군은 새로운 문제에 맞닥뜨리게 되었어. 과연 누가 전체 혁명군을 이끌 것인가의 문제였지. 농민들이 좋아하는 비야와 사파타는 정치 경험도, 권력 욕심도 없었어. 이때 베누스티아노 카란사가 야심을 보이며 두각을 나타냈어.

카란사는 부유한 가문에서 태어난 대농장주였는데 1910년 혁명에 참가한 후, 멕시코 북부 코아우일라주의 주지사로 임명되었어. 그는 전쟁에는 서툴렀지만 정치가로서의 자질과 행정 경험은 많았어.

베누스티아노 카란사는 우에르타 정부를 무너뜨리는 데 앞장선 후 1917년에 멕시코 대통령이 되었어. 길게 기른 수염이 인상적이지?

혁명전쟁 중에 카란사는 전투를 잘 알지도 못하면서 다른 장군들을 굴복시키려다가 충돌하곤 했어. 급기야 비야가 장군직에 사표를 던지는 사태까지 벌어졌어.

비야는 시시콜콜 간섭하는 카란사에게 화가 났지만, 카란사를 공격하지는 않았어. 마데로 대통령을 죽인 우에르타에게 크게 한 방 먹일 때까지 참아야 했으니까. 비야는 혁명군의 장군직에서 물러나 독자적으로 작전을 수행하여 우에르타 정부군에 결정적인 타격을 주었어.

혁명군의 기세에 눌려 1914년 7월 우에르타는 대통령직에서 물러났어. 멕시코는 혁명을 통해 다시 한 번 독재자를 쫓아내는 데에 성공한 거야. 두 차례 혁명전쟁을 치르는 동안 멕시코는 포화에 휩싸여 쑥대밭이 되었고 수많은 사람이 목숨을 잃었어.

그 후 혁명군은 개혁의 방향을 놓고 두 파로 나뉘었어. 비야는 사파타와 굳게 손잡고 농민들의 요구를 현실화하려 했어. 두 사람이 이끈 농민의 힘이 없었다면 디아스, 우에르타로 이어진 독재 정부를 결코 무너뜨릴 수 없었을 거야.

그러나 비야와 사파타가 토지개혁을 밀어붙이려 하자 보수적인 사람들이 단결하여 맞섰어. 보수파의 중심에는 카란사가 있었지. 카란사는 농민들의 주장을 받아들이지 않는 면에서 마데로 대통령과 똑같았어. 그는 그저 국민들에게 정치적 자유를 주면 그만이라고 생각했어. 또한 그 자신이 대농장주 출신이므로 토지개혁에 반대하는 지배층의 편에 섰던 거야.

〈라쿠카라차〉에 담긴 농민들의 바람

카란사가 비야를 비롯한 혁명군의 장군들과 부딪치는 동안, 멕시코 곳곳에서는 〈라쿠카라차〉 노래가 흘러나왔어. 〈라쿠카라차〉는 멕시코가 독립하기 전 에스파냐에서 들어온 민요인데, 멕시코 사람들은 경쾌한 리듬에 맞춰 가사를 바꿔 불렀어. 판초 비야가 이끄는 북부군은 〈라쿠카라차〉 노랫가락에 다음과 같은 가사를 붙였어.

"만일 내가 카란사의 수염을 얻는다면 / 나는 그걸로 새 모자 끈을 꼬겠네.
우리 장군 판초 비야 / 모자챙에 장식으로 걸어 주겠네."

카란사의 수염을 뽑아다가 비야 장군의 모자 끈을 만들어 주고 싶다는 내용이야. 한마디로 잘난 체하는 카란사를 비꼬면서 비야를 응원하고 있지.

사파타가 이끄는 남부군은 이 가사를 조금 바꿔서, 카란사의 수염으로 사파타 장군이 탄 말의 고삐를 만들겠다고 노래했어. 이처럼 〈라쿠카라차〉 노래에는 비야와 사파타를 지지하는 농민들의 마음이 담겨 있었어.

농민의 희망이었던 사파타와 비야의 죽음

혁명군이 두 편으로 갈려서 치열하게 싸우는 동안 카란사는 발 빠르게 정국을 주도해 갔어. 그 후 지방선거와 국회의원 선거를 거쳐 1917년에 헌법이 제정되었어. 이 헌법에는 1910년 이래 약 7년간 혁명을 치른 성과가 담겼지. 농사짓는 땅은 지주에게 땅값을 보상해 주고 농민에게 팔기로 했어. 국가가 모든 지하자원을 소유함이 헌법에 명시되었고, 외국인들과 교회는 토지를 소유할 수 없게 했어. 1일 노동 시간을 여덟 시간으로 제한하고, 최저 임금제*를 실시하며, 성별이나 국적의 차별 없이 평등하게 임금을 주는 등 노동자의 권리를 지켜 주는 내용도 포함되었어.

* **최저 임금제**
노동자가 받는 임금의 가장 낮은 금액을 정해 놓는 제도.

그해 대통령 선거의 승자는 카란사였어. 하지만 대통령이 된 카란사는 혁명을 이끌었던 사람 중에 가장 보수적이었고, 크리오요를 비롯해 오래

1914년 12월 판초 비야(왼쪽)와 에밀리아노 사파타(오른쪽)가 멕시코시티 대통령 궁을 방문했을 때의 모습이야. 기념 촬영을 위해 비야가 대통령 의자에 앉기는 했지만 두 사람 모두 권력욕이 없는 사람들이었어.

ⓒ 연합뉴스

특권을 누려 온 사람들이 개혁에 저항했어. 이 때문에 헌법은 제대로 실행되지 못했지. 토지개혁도 지지부진했어.

카란사가 보수적인 정책으로 일관하자, 사파타는 혁명군을 이끌고 더욱 거세게 저항했어. 사파타는 전투를 계속하는 한편, 카란사에게 편지를 써서 보냈어.

"혁명의 참뜻은 억압받는 사람들에게 자유와 정의를 주는 데에 있소. 대통령으로서 당신이 한 게 무엇이오? 혁명에 동조하는 듯 가장하여 독재를 확립하려 한 것 아니오? 토지개혁은 실시되지 않았고, 선거 부정으로 인해 자유선거조차 제대로 되지 않았소. 어렵게 제정된 헌법은 휴지 조각이 되고 말았소."

이 편지는 복사되어 멕시코 곳곳에 뿌려졌고, 정부에 대한 반대 여론이 확산되었어. 카란사는 사파타를 없애기 위한 음모를 꾸몄어. 1919년 사파타는 예상치 못한 총격에 쓰러져 목숨을 잃게 돼. 갑작스러운 사파타의 죽음에 수많은 농민이 흐느꼈지.

이에 반발하여 국민들이 곳곳에서 반란을 일으킨 가운데 1920년 5월 카란사가 기차를 타고 피신하다가 살해되었어. 많은 사람이 수염이라도 뽑고 싶어 했던 카란사는 그때서야 죽음을 맞았어.

한편 비야는 내전이 길어지면서 패전을 거듭하다가 정부군에 항복했어. 그 후 비야는 정부와의 싸움을 그만두고 목장에서 땅을 일구고 가축을 기르며 살았어. 그러나 비야를 여전히 위험한 인물이라고 여기는 사람들이 있었고, 그들이 꾸민 음모에 의해 비야는 1923년 암살당해. 비야의 죽음으로 멕시코는 다시 슬픔으로 뒤덮였어.

벽화로 영원히 남은 멕시코혁명 정신

비야와 사파타는 안타깝게 죽음을 맞았지만, 1917년에 제정된 헌법은 멕시코가 나아갈 길을 제시해 주었어. 이후 멕시코는 라틴아메리카에서 처음으로 노동자·농민의 요구가 반영된 개혁을 실천해 갔어. 독재 정부 시절에 특권을 누리던 사람들 대신 중산층이 사회를 이끌었고, 서민들의 사회 참여도 늘어나기 시작했지.

카란사에 뒤이어 대통령이 된 알바로 오브레곤은 무엇보다 교육 확대에 힘썼어. 교육은 비야도 강조한 바 있었어. 비야는 스물다섯 살에야 자기 이

름을 쓰게 된 걸 한탄하며, 멕시코가 정말 바뀌려면 대중이 교육받아야 한다고 이야기했거든.

 오브레곤의 임기 동안 전국에 많은 학교와 도서관이 세워졌어. 교육부 장관을 맡은 호세 바스콘셀로스는 화가들에게 공공건물 벽에 그림을 그리게 했어. 글을 모르는 사람들도 벽화를 보면서 멕시코의 자부심과 혁명 정신을 느끼게 하기 위해서였지.

 이러한 정책에 따라 유럽에서 유학하고 돌아온 디에고 리베라* 등 화가들이 멕시코 곳곳에 벽화를 그렸어. 벽화 제작에 참여한 화가들은 유럽의 미술 기법을 과감히 버리고, 멕시코의 현실에 맞고 대중이 쉽게 공감할 수 있도록 그림을 그렸어. 그들은 원주민의 고대 문명과 풍습, 독립운동의 장면들과 함께 혁명의 역사를 그림에 담아냈어. 비야, 사파타와 함께한 투쟁의 기억, 민주주의를 향한 혁명 정신은 그렇게 영원히 벽화로 남았단다.

* **디에고 리베라**
멕시코의 화가. 유럽 유학 후 멕시코의 전통과 혁명 등을 소재로 공공건물에 벽화를 그리는 데에 앞장섰다.

5장

강대국의 횡포, 문화재 약탈

훔친 물건을 자랑스럽게 전시하는 도둑이 있을까? 그 물건을 어떻게 손에 넣었는지는 비밀에 부치고 말이야. 그런 도둑이 역사 속에 정말 있었어. 바로 문화재 약탈을 저지른 강대국들이야.

지금은 강대국의 횡포가 덜하지만, 19세기만 해도 강대국이 약한 나라를 침략하는 게 당연시되었어. 영국이나 프랑스 등 몇몇 강대국이 '제국'이라 자부하며 침략을 일삼던 때였지. 훗날 '제국주의'라는 이름이 붙은 이 시기에, 강대국들은 다른 나라의 문화재에도 손을 댔어. 대영박물관(영국박물관), 루브르박물관 등의 전시품은 어떻게 그곳에 들어왔는지 알 수 없는 게 허다한데, 대부분 약탈해 온 것으로 짐작돼.

우리 문화재도 많이 약탈당했어. 2009년에 발표된 자료에 따르면 7만 점이 넘는 우리 문화재가 다른 나라에 소장되어 있다고 해. 식민 지배를 받던 일제강점기는 말할 것도 없고, 임진왜란 때에도 일본이 고려청자를 비롯한 우리 문화재를 빼앗아 갔어. 조선 고종 때에는 프랑스·미국·러시아 등 여러 나라가 침략의 손길을 뻗치던 시절이었으니 문화재라고 무사할 리 없었지. 하지만 어떻게 외국으로 빠져나갔는지가 명확히 밝혀지지 않아서 되찾아 오기가 쉽지 않아.

문화재는 왜 소중할까? 문화재에는 지난날 인류가 걸어온 시간과 함께, 각 나라의 역사와 전통이 담겨 있어. 그런 문화재가 약탈의 대상으로 전락했던 건 참 안타까운 일이야. 문화재 약탈이 어떻게 일어났는지, 강대국들이 탐욕을 앞세우던 시대로 함께 가 보자.

이집트 열풍에 불을 지핀 나폴레옹의 원정

영국 런던에 있는 대영박물관과 프랑스 파리에 있는 루브르박물관은 세계에서 손꼽히는 박물관이야. 두 박물관에는 세계 곳곳에서 수집한 진귀한 유물들이 소장되어 있어. 두 박물관은 어떻게 그 유물들을 갖게 되었을까?

대영박물관과 루브르박물관은 18세기 후반에 지어졌어. 이 시기는 유럽의 두 강대국, 영국과 프랑스가 서로 힘을 과시하며 경쟁하던 때였어. 영국은 에스파냐의 무적함대를 격파한 후 식민지를 늘리면서 천하를 호령할 참이었어. 프랑스는 영국을 바짝 추격하고 있었지.

이때 프랑스는 지중해와 홍해에 접한 이집트에 주목했어. 지중해와 홍해는 영국이 인도로 갈 때 반드시 거쳐야 하는 길목이었거든. 마침 이집트를 지배하고 있던 오스만제국의 힘이 약해져 있었고, 그 틈에 프랑스는 이집트를 손아귀에 넣고 영국을 가로막으려 했어.

이러한 전략에 따라 1798년 나폴레옹이 이집트로 쳐들어갔어. 나폴레옹은 말을 탄 늠름한 모습의 그림과 "내 사전에 불가능이란 말은 없다."라는 말로 유명하지? 그는 1789년에 일어난 프랑스혁명* 후 찾아온 혼란기에 영웅으로 부각되었어.

이 시기에 영국에서는 정치 개혁이 천천히 진행되고 있었어. 영국에서는 17세기에 청교도가 중심이 되어 찰스 1세를 처형한 청교도혁명(1649년)이 일어난 후, 제임스 2세를 왕위에서 물러나게 한 명예혁명(1688년)이 일어났어. 명예혁명이라는 이름은 폭력 사태 없이 정권 교체를 이룬, 명예로운 사건이라는 뜻에서 붙여진 이름이란다. 이 두 사건 후 영국은 유럽 어느 나라보다도 일찍 정치 개혁에 나섰지.

그러나 당시 유럽 대륙의 국가들은 대부분 왕이 절대적인 권력을 쥐고

* **프랑스혁명**
1789년에 프랑스 사람들이 루이 16세를 처형하고 절대왕정을 무너뜨린 사건이다. 프랑스의 정치·경제·사회 등이 크게 바뀌었기에 '혁명'이라고 한다. 1799년에 나폴레옹이 정권을 잡을 때까지 프랑스혁명으로 인한 국내 혼란이 계속되었다.

프랑스 화가 자크 루이 다비드가 그린 〈알프스를 넘는 나폴레옹〉이야. 이 그림은 전쟁터의 실제 상황과 거리가 멀게 그려졌어. 나폴레옹은 자신을 영웅으로 돋보이게 하기 위해 화가들에게 상황을 극적으로 표현하고 자신을 완벽한 모습으로 그려 줄 것을 요구했단다.

있었어. 그런 가운데 왕이 처형되었다는 프랑스혁명 소식은 유럽에 큰 충격을 주었어. 프랑스와 이웃한 나라들의 왕과 권력자들은 혁명 소식이 자기 나라에 전해져 국민들이 들고일어날까 봐 두려웠어. 그들이 프랑스에 전쟁을 선포하면서, 프랑스는 혁명의 뒷수습에다가 대외 전쟁까지 치러야 했어. 이렇게 나라 안팎이 어지러울 때면 군대가 세력을 키우기 마련이야. 전쟁마다 승리를 거둔 나폴레옹은 국민들의 인기를 한 몸에 받았단다.

나폴레옹은 혁명 정신을 전파한다는 명목으로 여러 나라를 쳐부쉈지만, 실은 프랑스의 국력만 점점 더 키우는 결과를 가져왔어. 프랑스는 혁명을 계기로 국내에서는 민주주의를 향해 나아갔지만, 대외적으로는 독립국인 다른 나라들의 영토를 짓밟고 자유를 빼앗았어.

그 시절에는 전쟁에서 승리한 나라가 패전국에서 무엇이든 전리품으로 빼앗아 오는 것을 당연시했어. 이탈리아 원정에서 나폴레옹은 수준 높은 예술품을 잔뜩 챙겨 왔어. 14세기 무렵부터 르네상스가 꽃핀 이탈리아에는 레오나르도 다빈치를 비롯한 예술가들의 작품이 수두룩했지.

이집트 원정을 앞두고도 나폴레옹은 고대 문명의 유물들을 가져올 생각에 눈이 번득였어. 그는 군인들과 함께 고고학자·수학자·화가 등 민간인을 데리고 이집트로 향했지.

1799년 여름, 프랑스 군대는 로제타시에서 요새를 건설하다가 돌 하나를 발견했어. 높이가 1미터가 넘는 이 돌에는 세 가지 문자가 새겨져 있었어. '무슨 뜻인지 알 수만 있다면!' 도무지 무슨 내용인지 알 수는 없었지만, 프랑스 학자들은 단번에 이 돌이 중요한 유물임을 알아챘어. 이 돌은 나중에 로제타석이라는 이름이 붙게 돼.

이집트에 머무는 동안 프랑스 학자들은 로제타석 외에도 많은 유물을 찾아냈어. 그들은 신전을 비롯한 이집트 유적을 돌아보며 감탄을 금치 못했어. 유적을 스케치하고 자료를 조사하느라 시간 가는 줄 몰랐지.

영국의 반격에 프랑스 군대는 2년 만에 이집트에서 철수했어. 이때 로제

로제타석은 이집트 상형문자가 처음으로 해석된 중요한 유물이야. 같은 내용이 이집트 상형문자, 민중문자, 그리스문자로 기록되어 있어서 상형문자를 해석하는 열쇠가 되었지. 프랑스 군대가 발견한 후 영국에 넘겨져 대영박물관에 소장되었어.

타석도 영국에 넘겨졌지. 프랑스 학자들은 탁본*을 뜬 로제타석 비문을 프랑스로 가져갔어. 오랜 연구 끝에 장 프랑수아 샹폴리옹이라는 학자가 비문의 뜻을 알아내면서 비로소 고대 이집트 문명의 면면이 세상에 알려지기 시작했어. 연구 결과 로제타석은 기원전 196년에 만들어진 비석으로 밝혀졌어. 당시 이집트는 그리스 혈통의 파라오*들이 다스렸기 때문에 이 비석에는 그리스어와 이집트 상형문자, 그리고 백성들이 쓰던 필기체 문자가 함께 새겨져 있었어. 학자들은 이 세 문자를 비교하여 비문을 해석할 수 있었던 거야.

나폴레옹의 이집트 원정은 실패로 끝났지만 이집트 연구에는 크게 공헌했어. 이때부터 유럽에 이집트 열풍이 강하게 불면서 프랑스와 독일 등도 이집트 유물에 눈독을 들였지. 그 결과 이집트 유물들은 유럽 강대국들의 박물관에 흩어지게 되었어.

*탁본
비석의 글씨를 떠내는 일.

*파라오
고대 이집트에서 왕을 부르던 말.

문화재를 빼앗긴 나라들의 설움

이집트의 기자 지역에는 코가 허물어지고 턱수염이 사라진 스핑크스가 있어. 이집트인들이 만든 스핑크스는 종류가 다양한데, 이 스핑크스는 파라오를 닮은 얼굴에, 사자의 몸을 지닌 모습으로 만들어졌어. 파라오의 권위를 상징하는 이 스핑크스는 오랜 세월 동안 위엄 있는 모습으로 피라미드를 지켜 주었지.

그런데 이 스핑크스의 코는 언제, 어떻게 떨어졌는지 정확히 밝혀지지 않았고, 지금 남아 있지도 않아. 턱수염은 대영박물관에 소장되었다가, 1980년대에 이집트가 끈질기게 반환을 요구한 끝에 영국이 '대여 형식'으로 돌려주는 데에 합의했어. 대여 형식이라는 말은 영국이 소유권을 가진

상태에서 빌려준다는 의미야.

당시 자료를 보면 이 스핑크스의 코와 턱수염은 나폴레옹이 이집트에 원정 가기 전에 이미 떨어져 있었던 것 같아. 하지만 나폴레옹이 영웅으로 부각되면서 사람들은 나폴레옹이 이 스핑크스를 훼손했다는 이야기를 지어냈어. 이슬람 세력이 스핑크스를 훼손했다는 이야기도 있지만 두 이야기 모두 근거가 확실하지 않아.

아무튼 훼손된 채 남아 있는 스핑크스는 수난을 겪은 이집트 역사를 보여 주는 듯해. 이집트는 찬란한 고대 문명을 꽃피웠지만 클레오파트라*가 죽은 후 로마제국의 지배를 받았어. 유일신을 믿는 크리스트교 문화가 들어오면서, 다신교를 바탕으로 한 이집트의 전통문화는 뒤로 밀려나 버렸지. 그 후 이집트는 비잔티움제국에 속했다가, 이슬람교를 믿는 오스만제국의 지배를 받았어. 뒤이어 이집트는 영국의 식민지가 되었다가 제2차 세계대전* 후에야 독립을 하게 돼.

유럽 강대국들이 고대 이집트를 연구하고 문화재를 보존해 준 건 좋은

* **클레오파트라**
기원전 51년부터 기원전 30년까지 이집트를 다스린 여왕. 정확한 이름은 클레오파트라 7세이다. 로마제국의 카이사르와 안토니우스를 사랑한 것으로 유명하다.

* **제2차 세계대전**
1939년에 시작되어 1945년에 끝난 세계적 규모의 전쟁이다. 독일·이탈리아·일본 등에 맞서 영국·프랑스·미국·러시아 등이 싸웠다.

일일까? 이집트를 위한 일이 아니었던 건 분명해. 강대국들은 귀한 문화재를 가져다가 자기 나라의 문화 수준과 위상을 끌어올리려 했어. 희귀한 문화재는 돈으로 따지기 어려울 만큼 재산 가치가 높아. 강대국들이 남의 나라 문화재를 함부로 가져간 데에는 국력에 따라 나라를 차별하고 약소국을 무시하는 생각이 숨어 있다고 볼 수 있지.

우리나라도 비슷한 일을 겪었어. 35년에 걸친 일제강점기에 일본은 우리 문화재를 약탈하는 한편, 식민 지배를 정당화하고자 우리 역사를 왜곡했어. 일본은 우리 민족이 무능한 것처럼 인식시키기 위해 우리 역사의 진실을 감추거나 비틀어 버렸어. 이러한 역사 왜곡의 후유증은 안타깝게도 지금까지 남아 있단다.

세계대전으로 치달은 강대국들의 세력 다툼

제2차 세계대전 중에는 독일의 아돌프 히틀러*가 특수 부대까지 만들어 문화재 약탈을 지휘했어. 당시 독일은 영국·프랑스 등 기존의 강대국들이 두려워할 만큼 국력이 커져 있었어. 독일은 언제 그렇게 성장했을까?

독일은 한때 신성로마제국으로 세력을 떨쳤지만, 오래도록 분열되어 있었어. 그러다가 독일 동북부에 있던 프로이센이 산업혁명을 겪은 후 새로운 강국으로 떠올랐어. 프로이센의 수상이 된 오토 폰 비스마르크는 군사력 강화에 나섰고, 그의 추진력에 힘입어 1871년 독일은 통일되었어. 하나로 합쳐진 독일은 재빠르게 성장해서 영국을 위협할 정도가 되었어.

독일이 오스트리아-헝가리제국, 이탈리아와 동맹을 맺자 유럽에는 위기감이 감돌았어. 영국·프랑스·러시아는 힘을 합쳐 독일에 맞서기로 했지. 두 진영의 싸움은 발칸반도*에서 불붙었어. 여러 민족이 모여 사는 발칸반

* **아돌프 히틀러**
오스트리아에서 태어나 화가가 되려다가 실패한 후 독일의 정치가로 성공했다. 나치당을 이끌며 독재자가 된 뒤 제2차 세계대전을 일으켰다.

* **발칸반도**
유럽 동남부의 반도로 세르비아·루마니아·마케도니아·그리스 등이 있다.

도는 언제든 민족 갈등이 불거질 수 있었어. 러시아가 슬라브족의 단결을 내세우자, 독일과 오스트리아-헝가리제국은 게르만족을 뭉치게 했어.

이러한 민족 갈등이 있었지만 발칸반도의 국가들은 오스만제국의 지배에서 벗어나기 위해 동맹을 맺었고, 마침내 1912년 오스만제국과의 전쟁에서 승리하게 돼. 그런데 발칸동맹을 이끌던 세르비아가 넓은 땅을 차지하자 동맹국들 사이에 다시 전쟁이 일어났어. 여기에 오스트리아-헝가리제국이 끼어들어 세르비아의 영토 확장을 방해했지. 이 일로 세르비아는 오스트리아-헝가리제국에 앙심을 품어.

1914년 6월, 오스트리아-헝가리제국의 황태자 부부가 암살되었는데, 그 범인은 세르비아 청년이었어. 한 달 후, 오스트리아-헝가리제국이 세르비아에 전쟁을 선포했어. 그해 8월 러시아가 세르비아 편을 들면서 이 전쟁은 제1차 세계대전으로 번지게 돼.

제1차 세계대전은 4년 넘게 이어지다가 1918년 막을 내렸어. 전쟁 중 독일이 나라를 가리지 않고 잠수함으로 공격하면서 미국도 참전했어. 제1차 세계대전은 이름 그대로 전 세계가 휘말린 전쟁이지만, 크게 보면 독일에 맞서 다른 강대국들이 싸운 전쟁이야. 이 전쟁에서 패배한 독일은 영토의 일부는 물론 식민지도 승전국들에 빼앗겼고, 막대한 전쟁 배상금까지 물어야 했어.

독일인의 자존심은 바닥에 떨어졌어. 제1차 세계대전 후 독일에는 바이마르공화국이 세워졌지만, 민주주의가 정착되지 못한 가운데 혼란이 계속되었어. 엎친 데 덮친 격으로 대공황*의 영향으로 미국 돈이 빠져나가면서 독일 경제는 극도로 불안해졌지.

이때 혜성처럼 나타나 독일인에게 희망을 준 사람이 히틀러야. 히틀러는

* **대공황**
1929년 미국 뉴욕의 주식 거래소에서 주가가 폭락하면서 일어난 경제 위기이다. 당시 미국 경제가 세계 금융의 중심에 있었기 때문에 10여 년간 여러 나라가 덩달아 경제 혼란을 겪었다.

나치 완장을 찬 히틀러가 나치군의 행진을 지켜보고 있어. 히틀러와 나치군은 모두 오른팔을 들어 올리는 경례를 하고 있는데, 이러한 경례는 히틀러가 이탈리아의 무솔리니를 본뜬 거야.

제1차 세계대전 중 훈장을 두 번이나 받을 만큼 유능한 군인이었어. 독일이 전쟁에 지자 히틀러는 크게 실망해서 독일노동자당에 들어갔어. 당에서 세력을 키운 뒤 히틀러는 당의 이름을 국가사회주의독일노동당으로 바꿨어. 새로운 당 이름은 줄여서 '나치당'이라고 해. 여기서 나치즘*이라는 말이 나왔어.

히틀러는 자극적인 연설로 독일인들을 쥐락펴락했어. "우리의 적은 공산주의자와 유대인입니다! 그들 때문에 우리는 전쟁에 지고 절망에 이르렀습니다. 그러나 좌절해서는 안 됩니다. 게르만족은 세계에서 가장 뛰어난 능력을 타고났습니다. 단결하여 전 세계를 지배합시다!"

* **나치즘**
나치당이 주도한 독일의 극단적 민족주의로 전체주의 체제를 추구했으며, 제2차 세계대전과 유대인 대량학살을 초래했다.

그는 신성로마제국과, 통일 후 이뤘던 제국을 계승한다는 의미에서 독일을 제3 제국이라 불렀어. 독일인은 제국의 영광을 되살릴 히틀러에 열광했고, 독일은 "하일(Heil, 만세) 히틀러!" 소리로 가득 찼어.

제2차 세계대전을 불러온 전체주의의 바람

전체주의의 '전체'는 국가나 민족을 말해. 그 반대는 개인이지. 즉 전체주의는 국가나 민족을 내세워서 개인의 자유를 억압하는 체제 또는 운동이야. 이탈리아의 파시즘, 독일의 나치즘이 대표적이지.

전체주의는 이탈리아의 베니토 무솔리니로부터 시작되었고, 독일과 일본에서도 나타났어. 이탈리아는 제1차 세계대전의 승전국이었어. 하지만 강대국들이 자기 나라에 유리하게 식민지를 나눠 가진 결과, 이탈리아는 식민지를 별로 얻지 못했어. 이탈리아 군인들은 전쟁에서 목숨 걸고 싸운 게 헛수고였다며 불평했지. 그들은 누군가 고대 로마제국의 영광을 되찾아 주길 바랐어. 이러한 상황에 들어맞았던 사람이 바로 무솔리니야. 무솔리니는 군대에서 입은 상처를 자랑하며 비슷한 처지의 사람들과 어울리다가 1919년 3월 사람들을 모아 놓고 '사회주의와의 전쟁'을 선포했어. 이렇게 시작된 무솔리니의 정치 운동을 '파시즘'이라고 해.

파시즘이라는 말은 이탈리아어 '파쇼(fascio)'에서 나온 말이야. 고대 로마에서는 시가행진할 때 여러 개의 나뭇가지로 묶은 도끼(라틴어로 '파스케스')를 앞세웠는데, 여기서 파쇼라는 말이 나왔어.

무솔리니가 이끄는 사람들은 검은 셔츠를

국민의 단합을 상징하는 '파스케스'가 새겨진 미국 동전.

입고 돌아다니면서 노동조합 사무실을 습격하고 사회주의자들을 폭행했어. 그러면서 국민의 일치단결을 내세워 대중의 지지를 얻었어. 결국 무솔리니는 총리가 되어 권력을 잡았어.

독일의 히틀러는 제1차 세계대전의 패전, 막대한 전쟁 배상금, 바이마르공화국에 대한 불만 등을 이용해서 독일인의 마음을 사로잡았어. 그는 '게슈타포'라는 비밀경찰이 국민을 감시하게 하고, 아이들도 나치 이념과 강인한 신체를 갖춘 전사로 양성했어. 이러한 숨 막히는 체제에서도 대다수의 독일인들은 불만을 갖지 않고 히틀러의 명령에 따랐어. 유대인 학살이라는 크나큰 범죄는 히틀러 한 사람만이 저지른 게 아니라, 당시 뜻을 같이하거나 묵묵히 따른 독일인들에게도 책임이 있어. 독일인들도 그 점을 인정하고 반성했지.

일본 역시 자신들의 왕을 신성한 존재로 내세우며 국민을 하나로 모으고, 전쟁에 나섰어. 폭탄을 실은 비행기로 무모하게 자살 공격을 한 '가미카제'도 개개인의 목숨보다 국가를 중시하는 분위기 속에서 생겨난 거야.

제2차 세계대전은 이처럼 전체주의를 내세운 이탈리아·독일·일본에 맞서 영국·프랑스·미국·러시아 등이 벌인 전쟁이야.

나치즘 구현의 수단이 된 문화재 약탈

히틀러는 유대인 대량 학살로 악명이 높지만 문화재 약탈에서도 역사에 길이 남은 범죄를 저질렀어. 히틀러는 어릴 적부터 미술을 좋아해서 화가가 되고 싶어 했어. 그는 자서전 『나의 투쟁』에서도 미적 재능을 뽐냈지만 실은 뼈아픈 좌절의 기억을 갖고 있었지. 비엔나 미술 아카데미 입학시험에 두 번이나 떨어졌고, 건축 학교에도 들어가지 못했거든.

렘브란트, 〈황금 투구를 쓴 남자〉, 1650년, 베를린 국립 회화관 소장.

히틀러는 뜻밖에 군인으로서의 능력을 인정받았고, 제1차 세계대전 후에는 정치계에 뛰어들어 독일 최고의 권력자 자리에까지 올랐어. 히틀러는 게르만족이 가장 우수하며, 국가와 민족의 성공을 위해 국가가 개인의 자유와 욕망을 통제해야 한다고 믿었어. 이러한 정치관에 따라 히틀러는 예술을 보는 시각이 상당히 보수적이었고, 상상이나 욕망을 자유분방하게 표현하는 현대미술은 싫어했어.

그는 특정한 면에 초점을 두고 작품을 보았어. 한 예로 그는 네덜란드 화가 렘브란트 판 레인이 유대인들과 가깝게 지낸 점을 꺼림칙하게 여기면서도, 렘브란트의 〈황금 투구를 쓴 남자〉는 강인한 정신이 표현되었다며 입에 침이 마르도록 칭찬했어. 한마디로 히틀러에게 예술은 나치즘을 구현하기 위한 도구였던 거지.

히틀러는 자신이 청소년 시절을 보낸 오스트리아 린츠에 최고의 미술관을 세우기로 했어. '먼 훗날에도 사람들은 나의 미적인 안목에 감탄할 거야!' 이 계획에 따라 전리품 수집을 위한 특수 부대가 조직돼. 그들은 유럽 여러 나라에 흩어져 있는 문화재들의 목록을 작성하고 약탈에 착수했어. 주된 목표는 부유한 유대인들이 소장한 미술품이었지. 약탈 현장에서 특수 부대는 미술품을 촬영해서 앨범으로 만들어 히틀러에게 보냈어. 린츠미술관에 들어갈 작품은 따로 골라내어졌고, 나머지는 히틀러와 나치 고관들의 개인 소장품이 되거나, 나치당의 사무실을 장식하는 데에 쓰였어.

독일의 문화재 약탈은 프랑스에 집중되었어. 프랑스 파리는 세계 미술의 중심지였어. 내로라하는 화가들과 미술계의 전문가들이 파리로 모여들었지. 히틀러는 독일이 최고라 주장하면서도 내심 프랑스 문화를 부러워했던 거야. 그는 독일 베를린을 파리보다 아름답게 다시 건설하라고 지시했어.

파리가 최고의 문화 도시가 된 건 나폴레옹의 원정 덕분이었어. 나폴레옹은 루브르박물관이 미술품을 고루 갖추는 데에 크게 한몫했지. 그 시기에 독일도 나폴레옹에게 많은 미술품을 빼앗겼어. 히틀러의 지휘에 따라 독일은 프랑스가 저지른 약탈을 비난하면서, 자기 나라의 미술품을 반환해 왔어. 그러면서 나폴레옹 못지않은 약탈을 저질렀어.

다행히 프랑스 국립미술관에 소장되어 있던 작품들은 안전한 곳으로 옮겨져 독일군의 약탈을 피할 수 있었어. 국립미술관장 자크 조자르가 투철한 사명감을 갖고 작품들을 옮긴 덕분이었어. 이때 나치군 중에도 조자르 관장을 도운 사람이 있었는데, 미술 담당관인 프란츠 볼프 메테르니히 백작이야. 그는 문화재의 가치가 전쟁의 승패, 아군과 적군의 구분보다 중요하다는 걸 알고 있었어. 조자르 관장과 메테르니히 백작의 노력 덕분에 프랑스 국립미술관 소장품은 무사할 수 있었어. 두 사람의 훈훈한 이야기는 영화 〈프랑코포니아〉로 만들어지기도 했단다.

그러나 시민들이 소장한 미술품은 나치의 약탈에 고스란히 노출되었어. 개인 소장 미술품 중 3분의 1이 나치에 넘어갔고, 그중에는 지금까지도 행방을 찾을 수 없는 게 많아.

독일의 동맹국 이탈리아도 무사하지 못했어. 히틀러는 유적을 둘러보며

로마제국의 영광을 떠올렸고, 르네상스를 꽃피운 피렌체에서는 미술품을 탐냈어. 전쟁 중 이탈리아는 독일이 사 가는 미술품에 세금을 매기지 못했고, 연합군에 항복한 후 혼란기에는 독일에 많은 미술품을 약탈당했어.

  히틀러의 명령에 따라 건축가들은 린츠에 세울 미술관과 문화 지구의 입체 모형을 만들었어. 히틀러는 그 모형을 들여다보며 일과를 마무리하곤 했어. 전쟁광 히틀러의 낭만적인 시간이었지. 그러나 연합군의 공세에 독일은 패전의 기미가 점점 뚜렷해지자 린츠미술관에 들어갈 작품들을 비밀 장소로 옮기기 시작했어.

전쟁의 참화에서 문화재를 지킨 사람들

히틀러의 계획대로 됐다면 린츠 미술관은 대영박물관, 루브르박물관을 능가했을 거야. 하지만 1945년 히틀러는 스스로 목숨을 끊었고, 독일은 연합군에 항복했어. 독일의 동맹국 중 마지막까지 남아 있던 일본이 그해 8월 항복하면서 제2차 세계대전은 끝나게 돼. 독일이 약탈했던 문화재 중 일부는 주인의 품으로 돌아갈 수 있었어. 연합군 내에 문화재 전담 부대가 조직된 덕분이었어.

문화재 보호를 위한 움직임은 제2차 세계대전 중에 시작되었어. 제2차 세계대전은 사상 최악의 전쟁이었어. 최첨단 무기가 동원되어 폭격을 퍼붓는 동안 민간인들의 목숨이 한순간에 날아갔고, 문화재도 언제, 어떻게 파괴될지 모르는 위기에 처했지. 연합군도 적군을 추격하며 작전을 수행하다 보면, 문화재 파괴를 불사해야 할 때가 있었어.

1941년, 미국 메트로폴리탄미술관에서 이 문제를 논의하는 모임이 열렸어. 이 자리에서 학자들은 위기에 처한 문화재들의 실상을 파악하고, 시급히 대책을 세우기로 해.

전쟁이 나면 인명 피해를 줄이기도 어려운데, 왜 문화재까지 신경 써야 할까? 하버드대학교의 포그미술관 부관장을 맡고 있던 폴 색스는 이렇게 말했어. "전쟁으로 많은 것이 사라지더라도 궁극적이며 지속적인 가치는 남습니다. 예술은 불멸을 지향합니다. 우리가 물려받은 지적이고 정신적인 자원은 보호되어야 합니다."

세월이 흐르고 세대가 바뀌더라도 인류의 정신적 자산과 문화유산은 보존되어 계속 전해져야 한다는 주장이야. 예를 들어 현대 사람들은 고대 이집트의 피라미드를 다시 세울 수 없고, 르네상스기의 화가들처럼 그림을 그릴 수 없어. 문화유산은 그 시대의 산물이고, 시간은 과거로 흘러가지 않지. 바로 여기에 문화재가 보존되어야 하는 이유가 있어.

연합군도 문화재를 많이 파괴했어. 1944년 연합군은 유럽 수도원의 오랜 전통이 살아 있던 이탈리아 몬테카시노 수도원을 공중폭격으로 파괴했어. 당시 작전을 지휘한 미국 장군은 폭격에 독일군이 혼쭐났을 거라며 으쓱댔지만, 이 일은 두고두고 비난받았어. 더욱이 독일과 이탈리아는 연합군이 문화적 가치를 모르는 야만인들이라고 몰아붙였어. 그때 독일군은 수도원에 있지도 않았거든.

이런 일을 겪는 동안 문화재 보호를 요구하는 목소리가 더욱 커졌어. 이에 연합군은 문화재 전담 부대를 꾸렸어. 고고학자, 건축가, 조각가, 미술

제2차 세계대전이 막바지로 치닫던 1945년 5월, 연합군의 문화재 전담 부대가 독일 노이슈반슈타인성에서 귀중한 미술품들을 찾아낸 후 계단을 내려오고 있어. ⓒ 연합뉴스

품 복원 전문가 등 여러 분야의 전문가들이 이 부대에서 활동했지. 그들은 전투와 거리가 먼 사람들이었지만, 문화재를 지킨다는 사명감으로 전장을 누비며 활동했단다. 그들의 활약상은 『모뉴먼츠 맨*』이라는 책에 담겼고, 영화로도 만들어졌어.

* **모뉴먼츠 맨**
기념물·미술품·기록물 전담 부대(Monuments, Fine Arts, and Archives Section)를 줄여서 부른 이름이다.

그런데 문제는 히틀러가 전쟁에서 질 경우 모든 것을 파괴하라는 명령을 내렸다는 거야. 이유는 적군을 이롭게 할 필요가 없다는 거였지. 문화재 전담 부대는 마음이 급해졌어. 다행히 프랑스의 한 박물관 직원 로즈 발랑이 독일이 약탈해 간 미술품의 목록과 경로를 기록해 두고 있었어. 이 기록에 근거해 문화재 전담 부대는 외따로 떨어진 성, 광산 등에서 나치가 숨겨 둔 문화재를 찾아냈어.

독일 노이슈반슈타인성에는 아주 귀한 미술품들이 보관되어 있었어. 성이 얼마나 높던지, 이곳에 있던 미술품을 꺼내는 데 6주나 시간이 걸렸다고 해. 나치군이 독일과 오스트리아에 파 놓은 소금 갱도* 속 창고에도 미술품이 숨겨져 있었어. 소금이 습기를 빨아들인 덕분에 미술품은 적절한 환경에서 보관되어 있었고, 금과 지폐가 잔뜩 담긴 자루들이 함께 발견되기도 했대. 이렇게 발견된 문화재들은 지구에서 영영 사라질 뻔한 위기에서 벗어나, 원래 있던 자리로 돌아갈 수 있었단다.

* **갱도**
땅을 파서 뚫어 놓은 길.

약탈된 문화재의 반환 문제

지난날 빼앗긴 문화재는 돌려받을 수 있을까? 우리나라를 비롯한 세계 여러 나라가 자국의 문화재를 되찾기 위해 노력하고 있지만, 문화재 반환은 결코 쉬운 일이 아니야.

2011년에 외규장각 의궤가 우리나라로 돌아오면서 뜨거운 관심을 모았

* 병인양요
흥선대원군이 프랑스 선교사들과 신자들을 처형한 병인박해를 구실로 프랑스가 쳐들어온 사건.

어. 의궤는 조선 시대에 왕실의 행사를 기록한 문서야. 정조는 강화도에 왕실 도서관을 하나 더 만들고 '외규장각'이라고 이름 붙였어. 이때 강화도로 옮겨진 의궤가 바로 외규장각 의궤야. 1866년 병인양요* 때 프랑스는 강화도에 쳐들어왔다가 돌아가면서 외규장각 의궤를 가져가 버렸어. 그때로부터 무려 145년의 세월이 흐르고 나서야 외규장각 의궤는 돌아올 수 있었어. 그런데 완전히 돌려받은 게 아니라, 5년마다 연장되는 '대여' 형식으로 돌아왔어. 프랑스가 여전히 소유권을 가진 채 빌려준 셈이야. 남의 나라 문화재를 분명히 약탈해 갔음에도, 과정이야 어찌 됐든 현재 의궤의 주인은 프랑스라는 논리지.

문화재 약탈은 제국주의 시대에 흔하게 일어났어. 나폴레옹이나 히틀러의 경우에는 민족 또는 국가의 영광을 빛내겠다는 거창한 명분이라도 있었어. 이와 달리 그저 개인의 욕심에서 시작된 문화재 약탈도 있어. 대표적인 예가 파르테논신전에서 조각을 뜯어낸 영국의 토머스 브루스 엘긴 경이야.

엘긴 경은 1799년에 오스만제국의 영국 대사로 임명되었어. 오스만제국

은 이집트·그리스 등을 장악하고 있었는데, 그 무렵 영국에 대해 좋은 인상을 갖고 있었어. 영국이 이집트에서 프랑스 군대를 물리쳐 주었거든. 이 기회를 이용해서 엘긴 경은 오스만제국으로부터 그리스 유적을 조사할 수 있는 허가증을 받아 냈어.

    엘긴 경은 파르테논신전에 눈독을 들이고 있었어. 파르테논신전은 직접 민주주의가 발달했던 고대 아테네의 전성기에 지은 건축물이야. 유네스코*의 상징 마크로도 사용되고 있을 만큼, 파르테논신전은 건축 기술이 놀라울뿐더러 미적인 수준에서도 빼어난 작품이야. 또한 민주주의의 가치도 담겨 있어.

* **유네스코**
국제 연합의 전문 기구로 교육·과학·문화의 협력을 위해 만들어졌다.

    엘긴 경은 이 신전을 스케치하고, 내부 조각의 모형을 뜨고, 조각을 떼어 낼 수 있는 허가를 받았다고 주장했어. 뇌물을 줘서 오스만제국의 관리들을 구워삶았을 텐데, 아마 신전을 훼손하는 것까지 허가받지는 못했을 거야. 엘긴 경이 받은 허가증은 원본은 사라지고 번역본만 남아 있어. 번역본은 내용이 모호해서 엘긴 경의 주장이 사실인지 가늠하기 어려운 상태야.

엘긴 경은 파르테논신전에서 가치 있어 보이는 조각들을 모조리 떼어 내어 영국으로 실어 보냈어. 그는 신전의 조각들로 스코틀랜드의 자기 집을 꾸미려 했어. 하지만 나중에는 돈에 쪼들려 이 조각들을 팔게 되지.

마침 유럽 곳곳에서 자유주의·민족주의 운동이 일어나고 있었고, 유럽의 지식인들은 오스만제국에서 독립하려는 그리스를 지지하고 있었어. 시인 바이런도 그리스의 문화유산을 훼손한 엘긴 경을 거세게 비난했어. 그러나 그 조각들은 결국 영국 정부가 사들여 대영박물관에 소장되었어. 그리고 이 유물은 엘긴 경의 이름을 따서 '엘긴 마블스'라는 이름이 붙여졌지.

이렇게 파르테논신전은 한 사람의 욕심 때문에 뜯겨 나갔고, 영국에 보내진 조각들에는 약탈자의 이름까지 붙어 버렸어. 그리스는 1832년 오스만제국으로부터 독립한 후, 줄곧 이 유물을 되찾고자 애써 왔어. 최근에는 현대식 박물관을 짓고 그 안에 파르테논신전의 조각들을 되찾아 전시할 공간까지 마련했어.

그러나 영국은 이 유물이 합법적인 절차를 거쳐 대영박물관에 소장되었고, 최상의 상태로 보존·전시되고 있다며 그리스의 반환 요구를 번번이 거절하고 있어. 하지만 영국이 유물을 잘 보존하고 있다는 말은 거짓말이야. 엘긴 경이 배에 실어 보내면서 도중에 유물이 바다에 빠진 적도 있고, 대영박물관에서 유물을 함부로 닦다가 색이 벗겨진 적도 있었거든. 영국은 "이 유물은 그리스만의 것이 아닌 인류 공동의 문화유산이다. 어디에 있든 잘 관리된다면 그만 아닌가?"라는 주장을 펴기도 해.

궁색한 영국의 변명 뒤에는, 귀한 문화재를 내놓지 않으려는 욕심이 숨겨져 있어. 그리고 유물을 하나둘 돌려주기 시작하면 나중에는 대영박물관이 텅 비는 날이 올까 두려워하는 마음도 있지.

문화재의 반환은 기나긴 과정을 거쳐 이루어질 때가 많아. 우선 문화재를 빼앗아 간 나라들이 지난날의 잘못을 반성해야 하고, 문화재 반환 노력도 끊임없이 이루어져야 해. 우리 한 사람, 한 사람의 관심이 무엇보다 중요하겠지?

■ **참고한 책**

개릿 매팅리 지음, 지소철 외 옮김, 『아르마다』, 너머북스, 2012.

김창성 지음, 『사료로 읽는 서양사 2: 중세편』, 책과함께, 2014.

김태중 지음, 「멕시코 벽화운동과 그 의미」, 『중남미연구』 20권 1호, 2001.

로버트 M. 에드셀 외 지음, 박중서 옮김, 『모뉴먼츠 맨』, 뜨인돌, 2012.

마르크 블로크 지음, 박용진 옮김, 『기적을 행하는 왕』, 한길사, 2015.

마이클 파이 지음, 김지선 옮김, 『북유럽 세계사』 1, 소와당, 2016.

마크 쿨란스키 지음, 박중서 옮김, 『대구』, 알에이치코리아, 2014.

멕시코대학원 엮음, 김창민 옮김, 『멕시코의 역사』, 그린비, 2011.

박홍규 지음, 『의적, 정의를 훔치다』, 돌베개, 2005.

백종국 지음, 『멕시코 혁명사』, 한길사, 2000.

샤론 왁스먼 지음, 오성환 옮김, 『약탈 그 역사와 진실』, 까치, 2009.

앵거스 컨스텀 지음, 이종인 옮김, 『해적의 역사』, 가람기획, 2002.

엔리케 크라우세 지음, 이성형 옮김, 『멕시코 혁명과 영웅들』, 까치, 2006.

윤지강 지음, 『세계 4대 해전』, 느낌이있는책, 2007.

이강혁 지음, 『라틴아메리카역사 다이제스트 100』, 가람기획, 2008.

이보아 지음, 『루브르는 프랑스 박물관인가』, 민연, 2002.

이브 코아 지음, 김양미 옮김, 『바이킹: 바다의 정복자들』, 시공사, 1997.

전수홍 지음, 『함께 읽는 세계교회사』 1, 생활성서사, 2009.

주경철 지음, 『모험과 교류의 문명사』, 산처럼, 2015.

주경철 지음, 『문명과 바다』, 산처럼, 2009.

크리스토퍼 히친스 외 지음, 김영배 외 옮김, 『파르테논 마블스, 조각난 문화유산』, 시대의창, 2015.

타임라이프 북스 엮음, 권경희 옮김, 『엘리자베스 여왕의 왕국』, 가람기획, 2004.

타임라이프 북스 엮음, 이종인 옮김, 『바이킹의 역사』, 가람기획, 2004.

패트릭 J. 기어리 지음, 유희수 옮김, 『거룩한 도둑질』, 길, 2010.

피터 브라운 지음, 정기문 옮김, 『성인 숭배』, 새물결, 2002.

헥토르 펠리치아노 지음, 한기찬 옮김, 『사라진 미술관』, 금호문화, 1998.